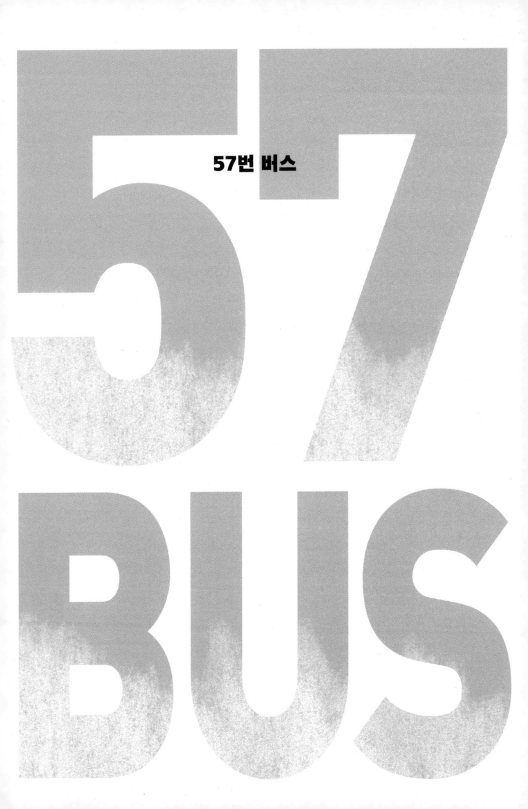

57번 버스

THE 57 BUS
: A True Story of Two Teenagers and the Crime That Changed Their Lives
by Dashka Slater

Copyright ⓒ 2017 by Dashka Slater
All Rights Reserved.
This Korean edition was published by Dolbegae Publishers in 2021 by arrangement with Farrar
Straus Giroux Books for Young Readers, an imprint of Macmillan Publishing Group, LLC. through
KCC(Korea Copyright Center Inc.), Seoul.

이 책은 (주)한국저작권센터(KCC)를 통한 저작권자와의 독점계약으로 돌베개에서 출간되었습니다.
저작권법에 의해 한국 내에서 보호를 받는 저작물이므로 무단전재와 복제를 금합니다.

생각하는돌 25

57번 버스
두 명의 십대와 그들의 삶을 바꾼 그날의 이야기

대슈카 슬레이터 지음 | 김충선 옮김

2021년 9월 6일 초판 1쇄 발행
2023년 1월 31일 초판 2쇄 발행

펴낸이 한철희 | 펴낸곳 돌베개 | 등록 1979년 8월 25일 제406-2003-000018호
주소 (10881) 경기도 파주시 회동길 77-20 (문발동)
전화 (031) 955-5020 | 팩스 (031) 955-5050
홈페이지 www.dolbegae.co.kr | 전자우편 book@dolbegae.co.kr
블로그 blog.naver.com/imdol79 | 트위터 @Dolbegae79 | 페이스북 /dolbegae

편집 우진영
표지 디자인 민진기 | 본문 디자인 이은정·이연경
마케팅 심찬식·고운성·한광재 | 제작·관리 윤국중·이수민·한누리
인쇄·제본 상지사 P&B

ISBN 978-89-7199-932-5 (44330)
ISBN 978-89-7199-452-8 (세트)

책값은 뒤표지에 있습니다.

생각
하는
돌

25

57번 버스

57
BUS

대슈카 슬레이터 지음 김충선 옮김

두 명의 십대와 그들의 삶을 바꾼 그날의 이야기

돌베개

클리프에게

차 례

1
사샤

2

리처드

3

불

4
저스티스, 사법 혹은 정의

일러두기

- 이 이야기는 실화입니다. 책에 등장하는 모두가 실존 인물이지만 경우에 따라 가명을 사용하거나 이름의 첫 글자만을 사용했습니다. 청소년은 성을 빼고 이름으로만 표기했습니다.

  이 이야기에 관한 상세한 정보는 각종 인터뷰와 문서, 편지, 영상, 일기, 소셜미디어 게시물, 공적 기록물 등에서 하나둘 모아 취합했습니다. 일부 성을 삭제하거나 이름을 빈칸으로 표시한 경우를 제외하면 이러한 출처의 인용문은 고치지 않고 그대로 옮겼습니다. 당사자에게 직접 수집한 정보는 기록을 봉인하거나 대중에게 공개하지 않은 경우를 제외하고 되도록 공식 기록을 통해서 일일이 확인했습니다. 공식 기록을 확보할 수 없을 때에는 증인이나 관련된 사람들의 기억에 의존했습니다.

  기존의 성별 구분을 따르지 않는 사람들을 지칭할 때는 사전에 당사자 승인을 받아 각자가 원하는 인칭대명사와 이름을 사용했습니다.

- 사건의 중심인물인 리처드는 제대로 교육받지 못한 탓에 조리 있게 말하지 못하고 철자를 자주 틀립니다. 우리말로 옮길 때도 리처드의 편지나 대화문에 나오는 오탈자 및 문법 오류를 최대한 반영했습니다.

- 각 장 끝에 들어간 미주는 번역자가 부연한 내용입니다.

2013년 11월 4일 월요일

오후 4시 30분, 학교 수업이 끝난 후 몰려든 승객들이 순식간에 썰물처럼 빠져나간 뒤였다. 하교 행렬에서 뒤처지거나 늦게까지 학교에 남아 있던 학생들이 버스 카드를 단말기에 찍으며 57번 버스에 오르고 있었다. 퇴근하는 사람들, 쇼핑하러 나온 사람들, 심부름 가는 아이들이 오클랜드시 이곳저곳에서 올라탄 여러 중고등학교 학생들 사이에 자리 잡고 앉았다. 버스 안은 소란스러웠다. 여느 때와 다를 바 없었다. 이쪽저쪽에서 아이들이 소리를 지르거나 웃음을 터뜨렸고, 앞쪽 좌석에 앉은 노부인은 계속해서 운전사에게 말을 걸었다.

땅거미가 내리고 있었다. 어제부로 서머타임이 끝났으므로 한동안 오후였던 공간을 향해 저녁이 내달리고 있었다. 모든 것이 보다 더 어스름해지고, 한층 나른하며, 한 걸음씩 겨울을 향해 다가가던 즈음이었다. 버스 안의 승객들은 저마다 핸드폰을 들여다보거나 이리저리 긁힌 자국에 거뭇거뭇한 검댕이 묻어 더러운 차창을 통해 흔들리는 거리의 불빛들을 가만히 내다보고 있었다.

사샤는 버스 뒤편에 앉아 있었다. 한참 버스를 타고 이동하는 동안 이 십대는 러시아 문학 수업을 준비하며 문고판 『안나 카레니나』를 읽고 있었다. 이날도 여느 때와 같이 검정색 플리스 재킷 안에 티셔츠를 받쳐 입었다. 회색 헌팅캡을 쓰고, 하르르한 흰색 치마를 입고 있었다. 작은 사립 고등학교의 졸업반이었던 사샤는 자신이 남성도 여성도 아닌, 에이젠더라고 인식하고 있었다. 버스가 느릿느릿 속도를 줄이며 시내를 통과하는 동안 사샤는 읽던 책을 떨구며 설핏 잠이 들었다. 펼쳐진 치맛자락이 좌석 가장자리로 무심하게 늘어졌다.

십대 소년 셋이 사샤가 앉은 자리로부터 몇 걸음 떨어진 곳에서 키득거리며 장난치고 있었다. 그들 중 하나인 리처드는 검은색 후드 티 차림에 주황색 챙이 달린 뉴욕 닉스 모자를 쓰고 있었다. 오클랜드 고등학교 3학년생인 열여섯 살의 리처드는 개암색 눈동자를 가진 소년이었다. 한 박자 느리게 슬며시 짓는 따뜻한 미소가 일품이었다. 리처드는 넘어지지 않으려고 기둥을 잡은 채 사샤를 등지고 서 있었다.

리처드가 일행과 실없는 농담을 주고받거나 올근볼근 실랑이하는 동안에도 사샤는 풋잠에 빠져 있었다. 리처드의 사촌인 로이드가 버스 안을 왔다 갔다 겅중대며 앞자리에 앉은 여학생의 관심을 사려고 애쓰는 사이에도 사샤는 잠들어 있었다. 리처드가 남몰래 라이터 불을 댕겨 하르르한 흰색 치마 밑단에 갖다 댔을 때에도 사샤는 깨지 않았다.

12

잠깐 멈춰 보라.

잠시 후, 사샤는 불덩어리에 휩싸인 채 잠에서 깨어 비명을 지르기 시작할 것이다.

잠시 후, 버스에 탄 모두가 우왕좌왕하기 시작할 것이다.

허벅지부터 종아리까지 2도 내지 3도 화상을 입은 사샤가 앰뷸런스에 실려 샌프란시스코의 화상 병동으로 이송되고 앞으로 3주 반 동안 여러 차례 수술을 받게 될 것이다.

이튿날 학교에서 경찰에 체포된 리처드는 두 건의 중범죄 혐의로 기소될 것이고, 그 각각에 혐오죄 조항이 추가된다면 형량은 크게 늘어날 것이다. 지방검찰청은 범죄의 심각성을 강조하며 리처드를 성인으로 기소할 것이고, 그 결과 리처드는 보통의 소년범이 받을 수 있는 모든 보호 조치들을 박탈당할 것이다. 그 주가 다 가기도 전에, 리처드는 종신형을 받을지도 모를 운명을 마주할 것이다.

아직은 이 모든 불행한 일들이 일어나지 않았다. 지금으로서는 방과 후 집으로 돌아가는 버스 안에 두 십대 청소년이 함께 있을 뿐이다.

사태가 악화되는 것을 막기에 아직 늦지 않았다. 잠든 사샤를 깨울 방법이 있을 것이다. 리처드의 관심을 다른 데로 돌릴 수도 있을 것이다. 아니면 버스 운전수가 버스를 세우게 할 수도 있을 것이다.

비극을 막기 위해 우리가 할 수 있는 일이 분명히 있을 것이다.

오클랜드의 두 얼굴

캘리포니아주 오클랜드는 인구 40만이 넘는 도시이지만 작은 마을처럼 느껴질 때가 있다. 물론 지리적 면적이 작다는 의미는 아니다. 202제곱킬로미터에 걸친 도시는 염수가 얕게 흐르는 샌프란시스코만 가장자리의 하구에서 시작하여 보브캣과 코요테가 어슬렁거리는, 녹색과 황금색이 어우러진 높고 낮은 언덕으로 이어진다. 오클랜드가 소도시처럼 느껴지는 진짜 이유는 시민들 사이의 관계망, 다시 말해 사람들의 이야기가 서로 얽히는 방식 때문이다. 눈처럼 시간이 켜켜이 쌓이는 동안 우리가 남긴 발자국, 걸어온 자취도 그 위에 층층이 새겨진다. 오클랜드에서는 지인의 부모와 형제자매, 그들의 고모와 이모, 사촌들까지 모두 서로 알게 된다. 같은 학교를 다니고 같은 교회에서 예배를 보기 때문이다. 같은 팀에서 스포츠 활동을 하고, 같은 건물에서 일한다. 지나온 길들이 서로 스치며 만나고 저마다의 이야기가 서로 얽힌다.

흔히 오클랜드를 미국에서 가장 다양성이 넘치는 도시 중 하나로 평가한다. 아시아계, 라틴계, 흑인, 백인, 아프리카계, 아랍계, 인도계, 이란계, 아메리카 원주민, 태평양 제도 출신 사람들이 서로 어울려 살아간다. 그중 어떤 한 집단도 다수가 아니다. 미국에서 인구수 대비 레즈비언 커플 비율이 가장 높은 도시이며, 세대주가 게이 또는 레즈비언인 가구의 비율이 가장 높은 도시 중 하나이다. 열린 마음, 가식이 없는 태도, 그리고 고유한 지역 은어(오클랜드 사람들은 강조의 의미로 '베리'very 대신에 '헬라'hella를 쓰고, 그보다 예의 바르게 말하고 싶을 때에는 '헤카'hecka를 쓴다)를 자랑스레 여기는 도시다.

이처럼 여유로운 포용성을 가진 반면에 오클랜드는 대비가 극명한 도시이기도 하다. 2013년, 사샤가 버스 안에서 화상을 입게 된 그해에 오클랜드는 미국에서 소득 격차가 가장 큰 도시 순위에서 뉴욕의 뒤를 이으며 7위를 기록했다. 인구 대비 강간이나 성폭력, 강도, 폭행, 살인과 같은 강력 범죄의 비율을 볼 때 미국에서 두 번째로 위험한 도시이지만, 동시에 미국에서 집세가 가장 비싼 도시 중 하나이기도 했다.

이곳에서는 중력이 아래에서 위로 작용한다. 돈이 언덕을 거슬러 위로 흐른다. 언덕배기의 부촌에는 좋은 학교가 여럿 있다. 범죄율이 낮은 이 동네에서는 아름다운 샌프란시스코만의 비경을 내려다볼 수 있다. 베이 지역에서 첨단산업 붐이 일어난 덕분에 오랜 시간 비어 있던 시내 곳곳의 유서 깊은 건물들은 신생 기업, 수제 청바지를 판매하는 고급 상점, 일곱 가지 재료를 섞은 칵테일이 나오는 나이트클럽 들로 가득 차게 되었다. 하지만 이런 풍요로움이 리처드가 살던 이스트오클랜드의 평지까지 흘러 내려오지는 않았다. 2013년 오클랜드 도시 전체에서 보고된 살인 사건의 대부분이, 보다 정확하게는 3분의 2가 이스트오클랜드 지역에서 발생했다. 이스트오클랜드의 학교는 보다 허름하고, 학생들의 성적은 상대적으로 낮았다. 거리에 쓰레기가 더 많았으며, 떠돌이 개도, 주류 판매점 수도 더 많았지만 식료품 가게는 더 적었다. 도로의 중앙분리대에는 마구잡이로 자란 잡초가 수북했다.

오클랜드의 이쪽 끝에서 저쪽 끝까지 18킬로미터 거리를 운행하는 57번 버스는 이웃하지만 성격이 전혀 다른 두 지역을 지나간다. 오클랜드 북서쪽 모퉁이에서 시작하여 대각선을 그리며 느릿느릿 도시를 가른다. 사샤의 집과 리처드의 학교가 있는 산기슭의 중산층 거주 지역을 통과한 버스는 맥아더대로를 따라 120개 블록을 달려 리처드의 집에서 가까운 오클랜드의 남동쪽 경계에서 그 여정을 마친다. 매일 오후, 두 십대 청소년의 동선은 단 8분 동안 겹쳤다. 57번 버스가 아니었다면 이들이 마주칠 일은 없었을 것이다.

1

사샤

텀블-링, 텀블러 하기

 − 사샤의 텀블러 페이지에서 편집 −

좋아하는 채소: 청경채
좋아하는 동물: 고양이와 갑오징어
좋아하는 영화 장르: 드림 스퀸스*

나의 강점 세 가지는?
길 알려 주기
　　　친구들이 나를 좋아하는 것 같아
　　　　　보라색

물론 나는 모자를 좋아해
모자를 좋아하지 않는 건 잘못이지

나는 칭찬을 좋아해
나는 칭찬을 좋아하지 않아

나는 내 머리카락이 좋아
　　나는 따뜻하게 안아 줄 수 있어

나는 말장난거리를 잘 찾아내

이 세상 사람들이 내 얘기를 들어 주기만 한다면,
　　수많은 주제에 대해 떠들 수 있어,
성별이나 부의 불평등
　　학교가 왜 중요한지에 대해서

나는 파티를 좋아해
나는 파티를 좋아하지 않아

실망했던 기억을 계속해서 마음에 담아 두는 편은 아니야

이상적인 휴가지: 아마도 지하철 노선을 훌륭하게 갖춘 도시

나의 관심을 끌고 싶어? 이런 걸 이용해 봐:
황동 비행선
　　노선도가 그려진 샤워 커튼
　　　　중세 시대 망토
　　　　　　은색 단추가 달린 코르셋

손에 쥐면 그 온기로 녹아 버리는 거칠거칠한 갈륨 덩어리

소용돌이치는 성운 그림이 그려진 드레스

바퀴가 달린 빅토리아풍의 저택

인어공주 꼬리 같은 패턴이 그려진 타이츠

* **드림 스퀀스** 영화나 TV 드라마에서 본내용과 구분되도록 사용하는 짧은 막간으로
주로 빠르게 스치는 과거 회상이나 환상, 비전, 꿈과 같은 요소로 구성된다.

인칭대명사

아장아장 걸어 다니던 시절부터, 사샤는 언어에 관심이 많았다. 이탈리아어나 스와힐리어, 표준 중국어 같은 외국어를 배우고 싶어했다는 뜻이 아니라 언어 자체, 언어의 형태와 구조, 레고 블록을 맞추듯 소리들이 결합해 낱말과 문장을 만드는 원리에 관심을 기울였다. 유아들은 대체로 귀 끝이 뾰족하고 꼬리가 긴 동물을 고양이cat라고 부른다는 사실에 흥미를 느낀다. 이에 반해 사샤는 'cat'이라는 단어 끝에 's'를 더하면 복수형이 된다는 사실에 관심을 보였다. "이것 보세요. 두 마리 캣······스." 사샤는 곧잘 이렇게 말하고는 했다.

세 살이 되기 전에 사샤는 소리와 문자를 맞추며 놀았다, 때로는 매우 독특한 방식으로. "B는 베이비baby!" 사샤가 외쳤다. "Y는 와이어wire! Ten은 텐트tent!"

네 살 때 사샤는 혼자 책을 읽었는데 이 무렵 글자의 모양에도 골몰하기 시작했다. "K는 직사각형 하나와 두 개의 평행사변형이에요." 어느 날 아침을 먹으며 사샤가 말했다. "M은 두 개의 평행사변

22

형과 두 개의 직사각형."

2년 후, 사샤는 자기만의 언어를 만들기 시작했다. 애스트로링구아라는 사샤의 고향 행성에서 사용하는 것으로 '애스트로링귀시'라고 이름 붙였다. 애스트로링귀시 문자에는 독일어의 움라우트(¨)나 프랑스어의 악상(ˇ ^), 스페인어의 틸데(˜) 같은 발음 구별 부호가 다양했다. 애스트로링귀시의 구어는 혀를 굴리는 'r'과 'l'을 풍부하게 사용했다.

고등학교 4학년이 되어서도 사샤는 여전히 새로운 언어를 발명하고는 했다. 여기에 더하여 자신만의 언어를 만드는 다른 가공언어 창조자들과 온라인상에서 어울렸다. 지금도 사샤는 새로운 언어를 연구하고 있다. 아직 이름을 정하지는 않았지만 이를테면 고대 메소포타미아와 비슷한 상상 속 농경 사회의 구성원들이 사용하는 언어다.

언어란 모름지기 그 사용자들이 집착하는 것들을 담아내기 마련이다. 사샤의 언어는 생장기, 곡물, 수확 등이 중요한 세계에서 사는 사람들의 관심사를 반영하기 위한 것이었다. 사샤의 언어는 남성과 여성을 구분하는 인칭대명사 대신에 생물과 무생물을 구분하는 대명사를 사용했다. '태양'을 의미하는 '지즈'jeiz라는 단어는 '낮'을 뜻하기도 했다. 다른 점이 있다면 '태양'은 살아 있는 일종의 생명체로, '낮'은 무생물, 다시 말해 사물로 간주된다는 것이었다.

영어는 이와 다르게 작동한다. 우리가 성별에 매우 신경을 쓰는 만큼 영어는 '그녀'she나 '그'he, '그녀를'her이나 '그를'him, '그녀의 것'hers이나 '그의 것'his 같은 대명사로 이러한 경향성을 반영한다. 그것이 현실 세계에서 언어가 작동하는 방식이라고 생각할 수 있겠지만, 사실 지구상에는 '그'나 '그녀', '그것'을 동일한 단어로 지칭하거나 아예 인칭대명사를 전혀 사용하지 않는, 기본적으로 성 중립적인 언어도 상당수 존재한다. 어쩌면 이런 언어 중 몇 가지는 들어 본 적 있을 텐데, 아르메니아어, 코만치어, 핀란드어, 헝가리어, 힌디어, 인도네시아어, 케추아어, 타이어, 타갈로그어, 터키어, 베트남어, 요루바어 등이 대표적이다.

스스로 남성 또는 여성이라는 뚜렷한 범주의 어느 쪽에도 딱 맞지 않는다고 생각하는 사샤와 같은 사람들에게 영어는 일종의 난관이다. 성별 이분법을 따르지 않는 대다수 사람들처럼 사샤도 '데이'they라는 인칭대명사로 지칭되기를 원한다. 처음에는 어색하겠지만 곧 익숙해질 것이다.

1001개의 빈 카드

열여섯 번째 생일 선물로 사샤는 아코디언과 수동 타자기, 구소련의 국기, 새로운 루빅큐브를 원했다. 사샤는 아직 아코디언 연주법을 몰랐지만, 선물로 받는다면 배울 수 있었을 텐데 받지 못했다. 구소련의 국기도 받지 못했지만, 생일이 지난 후 오래지 않아 친구 마이클과 함께 판지로 망치와 낫을 만들어 침실 벽에 걸었다. 그 무렵 사샤는 러시아와 공산주의에 관련한 모든 것에 집착하다시피 몰두했다. 그해에 사샤와 같은 버스를 타고 통학한 친구 캐리는 방과후 집으로 돌아오는 버스 안에서 사샤가 끊임없이 이 두 가지 주제에 관해 얘기하던 것이 아직도 기억난다고 말했다.

"사샤는 일단 친해지면, 거리낌 없이 자기 생각을 말하는 편이에요."라고 캐리는 설명했다.

이건 일단 사샤와 아는 사이가 되었을 때의 일이었다. 처음 만났을 때의 사샤는 조용하고 수줍음을 많이 탄다. 곱실거리는 갈색 머리카락이 턱까지 내려오고, 창백하고 둥근 얼굴에 눈썹은 아주 굵고 진하다. 미소를 지으면 눈매가 가늘어지며 잘게 눈주름이 잡힌다. 사샤는 올빼미 눈처럼 동그란 안경을 쓰며, 상대를 똑바로 쳐다보지 않는다. 어릴 때 자폐증의 일종인 아스퍼거 증후군 진단을 받았다. 때문에 사교적인 면에서 다소 서툴 수도 있다. 하지만 아스퍼거 증상 덕분에 자신의 관심사에는 매우 열정적이고, 이 열정이 결국 부끄러움을 이겨 내는 힘이 되고는 한다.

그렇다면 고등학교 4학년 당시 사샤를 열광시킨 주제는 무엇이었을까? "버스, 만화, 보라색"이라고 가장 친한 친구 중 하나인 힐리가 알려 주었다. 여기에 공산주의, 각종 게임, 〈홈스턱〉이라는 웹코믹과 라이브액션 롤플레잉LARP 게임을 추가해도 좋을 것이다. 그리고 스카-팝-펑크 밴드인 사르캐즘. 사르캐즘은 메이벡 고등학교의 학생들이 결성한 밴드였는데, 사샤는 한때 이 밴드의 가장 열렬한 팬이었다. 하나 더 보태자면 채식주의도. 하지만 사샤는 인터넷상에서 다른 채식주의자들이 채식에 대해 지나치게 호들갑 떠는 것은 좋아하지 않았다.

사샤와 가장 친한 친구는 누가 뭐래도 마이클이다. 큰 키에 깡마른 마이클은 모랫빛 금발에 두꺼운 뿔테 안경을 썼다. 언제 어디서나 회색 비니를 쓰고 녹색 군용 재킷을 즐겨 입었다. 마이클과 사샤는 1학년 때 '디플로머시'라는 보드게임을 하다가 만났는데, 이후에는 거의 떼려야 뗄 수 없는 사이가 되었다. 시간이 흐르면서 사샤와 힐리, 마이클, 마이클의 여자친구이기도 한 티아, 그리고 이언이라는 또 다른 친구까지 함께 끈끈한 우정으로 다져진 하나의 무리를 형성했다. 턱수염을 기른 금발의 이언은 턱을 잡아당기며 눈썹

26

을 약간 치뜨고 상대를 바라보는 습관이 있었는데 한번 입을 열면 다시 다물 줄을 모르는 그런 아이였다. 빨간 머리 힐리는 마르지 않는 흥의 원천이었다. 다른 학생들의 모자를 가져다 쓰길 좋아하고 자신의 감정을 숨김없이 그대로 드러내는 소녀였다. 아기 천사처럼 볼이 통통한 티아는 코스튬 플레이와 춤을 좋아했다. 티아와 마이클은 너무 가까워서 친구들은 두 사람의 이름을 합쳐 마치 한 사람을 부르듯이 '타이클'이라고 부르고는 했다. 두 사람이 너무 다정하게 껴안고 있으면, 사샤는 독실한 기독교인들의 무도회에 도우미로 참석한 샤프롱이라도 된 것처럼 두 사람 사이에 끼어들며 있는 힘껏 고함을 치고는 했다. "제발 좀 떨어져, 맙소사!"

사샤는 매우 영특한 학생이었다. 별다른 노력 없이 미적분, 언어학, 물리학, 컴퓨터 프로그래밍을 마스터했다. 사실 메이벡 학생 중 누구도 학업을 게을리하지 않았다. 공부에 관심이 없는 아이라면 애초부터 메이벡 고등학교를 선택하지 않았을 것이다. 버클리에 있는 어느 장로교회의 두 층 공간을 임대해서 사용하는 메이벡은 학생 수가 대략 100명 정도 되는 소규모 사립학교다. 자그마한 교실 안에서 학생들이 회의용 탁자에 둘러앉아 '언덕 위의 빛나는 도시'*로서의 미국이라는 개념을 비판하거나 찰스 다윈과 어슐러 K. 르 귄의 작품을 비교하며 공부했다.

교사들은 메이벡이 다른 고등학교들과 달리 교내 파벌이 없는 학교라고 주장하고 싶어 했다. 힐리처럼 중학교 시절 괴롭힘을 당했던 아이들에게 메이벡이 피난처가 되어 준 것도 사실이었다. 기본적으로 메이벡 학생들은 서로 친절하게 대하고 상대를 기꺼이 받아들였다. 그렇지만 여느 학교와 마찬가지로 예술을 좋아하는 아이들, 마리화나를 피우는 아이들, 스포츠와 파티를 즐기는 브로스 등 이러저러한 사회적 또래 집단으로 어느 정도 나뉘기는 했다.

"우리는 범생이 부류였어요." 이언이 말했다. "비디오게임을 함께 즐기고 애니메이션을 보거나 일본 만화책을 읽으면서 노는 좀 웃기는 애들요. 약간 똘끼도 있는 범생이들."

사샤와 그 친구들은 보드게임부터 비디오게임, 카드놀이, 롤플레잉 게임, 카드 교환 게임까지 갖가지 게임에 푹 빠져 있었다. 점심시간이나 방과 후에 아이들은 복도에 놓인 나무 탁자 앞에 자주 모여 앉았다. 이언이 지적하듯이 육각형이 아닌 팔각형임에도 '헥사곤'이라고 불리던 탁자였다. 아이들은 이 탁자에 둘러앉아 카드 게임을 했는데, 특히 마이클과 사샤가 1학년 때 선배들에게서 배운 게임을 자주 했다. 이 게임의 공식적인 이름은 '1001개의 비어 있는 흰색 카드'였지만 모두가 그저 '인덱스카드'라고만 불렀다.

"인덱스카드를 이용하는 게임이에요." 사샤가 설명했다. "카드가 모두 흰색은 아니고, 지금은 비어 있는 카드도 거의 없어요." 새로운 카드를 추가하고 싶을 때마다 학생들이 교실에서 인덱스카드를 가져다 쓰는 바람에 카드 묶음은 갈수록 두꺼워졌다. 빈 카드를 뽑은 사람이 자신이 정한 점수와 함께 예측하기 힘들수록 더 재미있는 지시문을 카드에 써넣는 식이었다. 시간이 지남에 따라 카드는 자기들만 알아듣는 농담과 장난으로 가득 차게 되었다.

어니스트 헤밍웨이가 쓴 『해는 또다시 떠오른다』의 삽화가 그려진 카드가 있었다. 이 카드를 고른 사람은 "책을 읽는 동안, 그래서 지루해 죽겠는 동안" 두 번, 자기 차례를 쉬어야 했다. 러시아어 억양으로 말하라고 지시하는 카드, 혀짤배기소리를 내야 하는 카드, 러시아어 억양으로 말하면서 혀짤배기소리를 내라고 요구하는 카드도 있었다. 이 밖에도 기타를 연주하는 흉내를 내라는 카드, 영어로 더빙한 애니메이션 캐릭터처럼 말하라고 지시하는 카드, 잎채소를 기린처럼 씹어 먹으라고 지시하는 카드, 눈싸움을 시키는 카드, 그리고 모든 문장을 '도그'dawg라는 낱말로 끝내라고 지시하는 카드도 있었다. 다른 친구들의 모자를 모두 가져와 겹쳐서 써야 하는 '모자의 탑'이라는 카드도 있었다. "게임 끝, 이언 승!"이라고 쓰인 카드도 있었는데 이언의 생일 선물로 등장한 카드였다. 사샤는 '테트리스 선율로 편곡한, 일개 노동자의 눈으로 본 소비에트 연방의 전체 역사' 카드를 만들었다. 피그위드더페이스오브어보이라는 그다지 알려지지는 않은 영국의 한 코믹 밴드가 부른 6분 30초짜리 노래를 말하는 것이었다. 마이클과 사샤는 둘 다 이 노래에 집착했고, 기회가 될 때마다 노래를 불렀다. "이 카드를 선택한 사람은 노래를 부르거나, 그럴 수 없을 때에는 자기 차례를 한 번 넘겨야 해요."라고 사샤가 설명했다.

이언의 생일을 축하하는 카드를 빼면 이 카드 게임에는 이긴다는 개념이 없었다. 또, 이기는 것이 목표도 아니었다. 그저 누구든 집에 가야 할 때까지 함께 시간을 보내며 노는 방법이었다. 졸업 무

렵이 되자, 인덱스카드는 차곡차곡 쌓으면 그 높이가 대략 60센티
미터에 이르렀고, 카드를 옮기려면 전용 가방을 이용해야 했다. 처
음 시작할 때는 1001개의 흰색 카드 대부분이 비어 있었다. 사샤를
'루크'라는 이름으로 부르고 '그'라는 인칭대명사로 지칭하던 시절
이었다.

---

* **언덕 위의 빛나는 도시** 본래 예수의 산상수훈에서 비롯된 표현으로 초기 신대륙을
   개척한 청교도 지도자 존 윈스럽이 주창한 국가상.

루크와 서맨사

중학생 시절의 사샤는 매우 똑똑하지만 수줍음 많고 내향적인, 못 보고 지나치기 쉬운 그런 아이였다. 아빠 칼은 사샤의 이런 성품을 '투명 망토'라고 불렀다. "사샤는 배경 속에 녹아드는 아이였습니다. 그 아이가 거기에 있었는지 없었는지, 아무도 알아채지 못하는 그런 아이였지요."

사샤에게는 타인이라는 존재가 그다지 필요하지 않은 것 같았다. 사실 인간이 없다면 세상이 더 나아질 거라는 말을 종종 하기도 했다. 사샤의 머릿속 세계는 이미 충분히 매혹적이고 재미있었다. 사샤는 숫자나 형태, 우주의 크기 같은 것들에 대해 많이 생각했다. 상상 속에서 지하철 노선도를 그리고, 코너형 식사 공간에 놓인 화이트보드 위에다 수학 문제를 풀고는 했다. 우주와 레고, 기차, 고대 그리스어에 관심이 많았고, 다른 사람들은 잘 알아채지 못하는 것들, 그러니까 초록 잎사귀의 미묘한 음영이라든가 조각 작품 속의 기하학적 형태를 찾아내고는 했다. 고양이를 좋아했고 "야옹야옹" 하며 고양이 울음을 흉내 내는 버릇이 있었다. 이 모든 것이 아스퍼거 증후군 때문이라고, 아스퍼거를 앓아 본 적 없는 다른 사람들에게 매번 설명할 수는 없는 노릇이었다. 사람들은 저마다 자기 머릿속만 들여다볼 수 있을 뿐이니까.

사샤는 6학년 때부터 몬테소리 학교를 다니기 시작했다. 유치부부터 8학년까지 편성된 이 아담한 학교는 학년별 학생 수가 고작 25명 정도였다. 사샤는 4~6학년 학생들이 함께 공부하는 합반에 들어갔다. 그해에는 사샤 말고 전학생이 딱 한 명 더 있었는데 사과처럼 뺨이 발그레한 5학년 서맨사였다. 서맨사는 투명 망토 속 사샤에게서 영혼의 단짝을 발견했다.

서맨사는 사샤보다 머리 하나가 더 컸다. 헝클어진 금발에 뽀얀 피부는 곧잘 붉어졌고 금테 안경을 썼다. 서맨사의 가족은 여기저기 이사를 많이 다녀서 열 살에 이미 다섯 개 주에서 살아 봤으며 거쳐 온 초등학교만 여섯 곳이었다. 그 때문인지 친한 친구가 하나도 없었다. 외톨이가 되는 데 익숙했고 스스로 다른 아이들보다 영리하다고 느낄 때도, 어리숙하다고 느낄 때도 있었다. 나노기술 전문가였던 서맨사의 아빠는 지하실에 실험실을 마련해 놓고는 서맨사가 '아빠 숙제'라고 부르는 것을 평생 계속해서 내 주었다. 서맨사는 자신의 똑똑함을 증명해 보이는 데서 기쁨을 느꼈다. 하지만 서맨사는 다른 아이들과 함께 어울리는 방식, 이를테면 어떤 식으로 말해야 하는지, 어떻게 보여야 하는지, 무엇에 관심을 가져야 하는지에 관한 규칙을 좀체 배우지 못하는 것 같았다. **적당한** 똑똑함에 대한 규칙 말이다.

32

서맨사는 사샤가 숙제를 제출할 때 자기 이름을 그리스 문자로 쓴다는 걸 알아챘다. 사샤가 수학과 코스튬, 상상 세계에 빠져 있다는 것도 알아챘다. 고대 로마인들보다 고대 그리스인들이 월등했다는 확신, 10진법보다 12진법이 훌륭하다는 신념, 그리고 강아지보다 고양이가 낫다는 믿음을 비롯해서, 세상만사에 대해 사샤가 얼마나 열정적인지를 알아챘다. 유난히 기다란 사샤의 속눈썹, 어깨까지 오는 고불고불한 갈색 머리를 알아챘다.

"서맨사가 제게 반했어요."라고, 사샤가 일종의 인류학적 흥미를 품고 칼에게 말했다. 사실이었다. 서맨사는 사샤에게 빠져들었다. 오래지 않아 두 사람은 떼어 놓을 수 없는 단짝이 되었다. 무엇인가 시시하게 느껴질 때면 "꽝!", 재미있을 때는 "ㅋㅋㅋ!"이라고 말하는 서맨사의 말투를 사샤는 따라 했다. '던전 앤 드래건'이라는 주사위 게임을 함께 했고 12면 주사위를 바닥에 둔 채 자신들만의 마법 전투를 새로 생각해 내기도 했다. 아주 작고 눈에 보이지 않는 아기 드래건을 하나씩 골라 사샤는 '시나몬', 서맨사는 '펜드래건'이라는 이름을 붙여 주었다. 두 친구는 함께 궁리해서 멍청한 TV 프로그램을 생각해 냈다. 서로 더 바보가 되려고 경쟁할수록 점점 더 시시하고 진부해지는 쇼였다. 둘 사이는 매우 가까워서 서맨사는 자신이 깨닫기도 전에 사샤가 제 생각을 미리 알아챈다는 기분마저 들었다. 마치 자신의 머릿속에 들어와 있기라도 한 것처럼.

친밀한 둘 사이는 자연스럽게 반 친구들의 주의를 끌었다. 드러난 겉모습만 보면 누가 뭐래도 서맨사는 여자아이, 사샤는 남자아이였으니까. 놀림이 무자비하게 이어졌다. 두 사람이 남자친구 여자친구 관계인지, 서로 '키-이-이-스'하는 사이인지 모두가 궁금해했다.(둘은 그런 사이가 아니었다.) 서맨사는 미칠 지경이었다. 어느 날은 한 아이의 팔을 잡고 냅다 소리 질렀다. "그만 좀 놀려!" 서맨사의 손가락이 마침 통점을 눌렀는지, 붙들린 여자아이가 악 소리를 질렀다. 서맨사는 이런 상황이 끔찍했다. 도대체 왜 모두가 두 친구를 그냥 내버려 두지 않는 걸까?

사실 이 감정은 서맨사가 몇 년 동안이나 느껴 온 방향 상실감, 자기만 빼고 모두가 '안내서'를 발급받은 것 같다는 생각의 연장선 위에 있었다. 남들 앞에서 예쁘고 귀엽게 보이는 게 중요하다는 걸 서맨사도 알고 있었다. 하지만 어떻게 해야 그렇게 될 수 있는지, 더 나아가 왜 그렇게 보이기를 바라야 하는지 도무지 이해할 수 없었다. 서맨사의 체형에 점점 굴곡이 생겼다. 두 개의 포탄처럼 앞가슴이 솟았지만 자신이 섹시하게 느껴지지도, 기분이 좋지도 않았다. 무겁고 거추장스럽기만 했다. 헐렁한 티셔츠나 스웨트셔츠 속에 감추기에 급급한 가운데, 손바닥만 한 치마에 가느다란 어깨끈이 달린 탱크톱을 입고 학교에 오는 다른 여자아이들을 보면서 왜 이 모든 것이 자신한테는 어렵기만 한지 서맨사는 의아했다.

"어떻게 하면 인기 있는 애가 될 수 있어?" 서맨사가 끈 달린 탱크톱을 입은 한 소녀에게 간절하게 물었다. 내리깐 두 눈, 자리를 피할 틈을 엿보며 주위를 살피는 시선. 여자아이의 표정은 이런 질문을 한다는 것 자체가 실수임을 서맨사에게 웅변하고 있었다. 그런 걸 묻는 시점에 이미 게임 끝이야.

서맨사에게는 문제가 있었다. 확실히 무언가 잘못되었다. 서맨사는 화가 났고, 슬펐고, 또한 두려웠다. 죽고 싶은 지경이었다. 6학년 때 수업 시간에 그런 얘기를 꺼냈더니 선생님이 서맨사의 부모님에게 얘기해 심리 치료사를 만나게 했다.

한번은 유튜브에서 본 동영상에 관해서 심리 치료사에게 말했다. 젊은 두 여성이 등을 기대고 서서 교대로 「히어」ʰⁱʳ라는 시를 낭독하는 슬램 포엠 영상이었다. 이름이 멀리사인 소녀와 그 몸 안에 살고 있는 제임스라는 소년이 마이크를 주고받으며 자신의 마음을 전하는 방식이었다.

소녀는 이따금 등에서부터 피부를 벗어 버릴 수 있기를 바랐다네
매일 매순간 소녀는 낯선 이의 살 속에 갇힌 기분이었지

영상을 보면서 서맨사는 자신의 내면에서 진동하던 종이 뎅 하고 울리는 것을 느꼈다. 사춘기가 되기 전엔 자신의 몸과 자기 자신이 누구인지는 그다지 관련이 없는 것 같았다. 곧잘 남자아이로 오해받기는 했지만 서맨사는 자신이 여자아이라는 사실이 자랑스러웠다. 하지만 이제 여자로 사는 일이 무겁고 꽉 조이는 무대의상에 몸을 욱여넣는 것처럼 느껴졌다. 그 안에서는 숨조차 제대로 쉴 수 없었다. 우주의 규칙은 정해져 있었다. 즉, 누구나 특정한 모습으로 보이며 그 모습에 걸맞게 행동해야 한다, 사람들은 그에 따른 방식

으로 당신을 대하리라. 이 규칙을 바꿀 방법은 없었다.

일주일이 지나 심리 치료사를 다시 만났을 때 서맨사가 작은 목소리로 물었다. "제가 아마…… 트랜스젠더인 걸까요?"

"글쎄, '트랜스젠더'가 무얼 뜻하는지 네가 정확하게 알고 하는 말이 아닌 것 같은데?" 심리 치료사가 말했다.

서맨사의 내면에서 울리던 종이 갑자기 조용해졌다. '전문가 선생님이니까'라고 서맨사는 생각했다.

그로부터 1년이 더 지나고 나서야 서맨사는 이 얘기를 다른 누군가에게 다시 꺼내게 된다.

그란 투리스모 2

두 친구는 사샤의 집 지하실에서 레이싱 게임인 그란 투리스모 2에 열중하고 있었다. 서맨사는 7학년, 사샤는 8학년이었다.

서맨사는 숨을 한 번 크게 들이쉬었다. "너한테 할 말이 있어. 내겐 정말 중요한 일이야."

사샤의 눈은 두 대의 차가 경주를 펼치고 있는 컴퓨터 화면에 고정되어 있었다. "뭔데?"

"나 트랜스젠더야."

서맨사는 그동안 느껴 온 기분, 지난해 심리 치료사에게 비밀을 털어놓았을 때 돌아왔던 반응에 대해 말했다.

"네가 어떻게 느끼는지 알 수 있는 사람은 이 세상에 너 하나밖에 없어. 네가 느끼는 걸 설명하는 표현이 트랜스젠더라면 그게 맞는 거지, 뭐. 그래서 내게 말한다던 정말 중요한 일이란 게 뭐야?"

그로부터 5년이 지난 어느 날, 사과처럼 뺨이 발갛고 잘생긴 앤드류라는 이름의 청년은 당시 사샤와 나눈 대화를 회상하며 살면서 가장 확실하게 자신의 존재를 인정받은 순간이었다고 말했다. "사샤를 잘 아니까, 그 애가 실망스러운 반응을 보이리라고 예상하지는 않았습니다. 사샤는 제가 여태까지 만난 사람 중에서 가장 똑똑하고 친절하거든요. 어쨌든 제 나름대로 위험을 감수하며 비밀을 털어놓았는데도 아무 일 없이 괜찮다는 게 꽤 기분이 좋았어요."

다시 7학년 때로 돌아가, 사샤에게 비밀을 털어놓은 뒤로도 앤드류는 사샤와 성별에 관한 대화를 거의 나누지 않았다. 부모님에게 트랜스젠더라는 사실을 고백한 것도 그보다 1년 뒤였다. 여자아이인 것도 괜찮다고, 트랜스젠더로 사는 건 너무 고달프다고 자신을 설득하려 한 시기였다. 사샤가 9학년이었을 때 앤드류는 사샤의 짝이 되어 메이벡 고등학교의 무도회에 참석한 적이 있었다. 앤드류는 진녹색 드레스를 입었다. 입술에 질붉은 립스틱을 바르고 머리카락은 구릿빛이 도는 오렌지색으로 염색했다. 드레스와 립스틱, 헤어스타일 같은 모든 치장은 물론이고 자신의 몸 자체가 일종의 무대복 같다는 기분이 여전했다. 그해 가을 고등학교에 입학하면서 앤드류는 트랜지션을 시작했다.

네 성별이 무엇인지 어떻게 알아?

두 친구는 사샤의 침실에서 놀고 있었다. 2012년 초의 어느 겨울날이었다. 사샤는 메이벡 고등학교 2학년이었고, 앤드류는 근처 공립고등학교 1학년이었다. 사샤는 컴퓨터 앞에 앉아 디플로머시라는 보드게임의 이모저모를 앤드류에게 가르쳐 주고 있었다.

"앤드류? 무례한 질문일지 모르겠는데, 네가 남자라는 걸 어떻게 깨닫게 되었어?" 사샤가 물었다.

"그냥 내가 여자애가 아니란 걸 알았어. 진짜 나 자신이었던 적이 없다는 걸 알고 있었지." 앤드류가 답했다.

자살에 대한 생각을 떨치지 못하던 앤드류가 병원에 입원했다가 퇴원한 직후였다. 남학생으로 고등학교에 입학했지만 앤드류의 트랜지션에 관한 갖가지 소문과 험담이 계속 입방아에 올랐다. 아이들이 다가와 "너 성기 이식 수술 받았다며?" 같은 황당하고 곤란한 질문을 함부로 던졌다. 그 무렵 앤드류의 엄마가 정신병 증세를 보였고, 할아버지가 돌아가셨다. 이 모든 일이 갑자기 한꺼번에 일어났다. 이런 상황에서 앤드류는 스스로의 성별에 대해 의문을 갖

39

는 사샤를 보며 일종의 안도감 같은 걸 느꼈다. 자신의 비밀을 처음 사샤에게 털어놓았을 때와 비슷한 느낌이었다.

"내가 그토록 존경하는 사샤 같은 아이도 나와 똑같은 문제를 겪고 있다는 사실에 속으로 '하나님 감사합니다.'를 외친 순간이었습니다. 내가 그렇게 괴상한 사람은 아니구나 하는 생각에 안심이 되었지요." 훗날 앤드류는 말했다.

물론 모두가 그렇게 반응하지는 않았다. 대다수 사람들에게 사샤의 질문은 그 자체로 수수께끼였다. 아빠가 남자라는 걸 아빠는 어떻게 아느냐는 사샤의 질문에 칼은 "그냥 알아, 그게 나야."라고 대답했다.

보통 사람들에게는 이 말이 맞는 것 같았다. 대부분은 그냥 **알았다**. 겉으로 보이는 모습과 스스로 느끼는 성별이 일치하든 그렇지 않든, '내 정체성은 **이것이다**'라는 근본적인 분별이 있었다.

그런데 사샤에게는 그런 느낌이 없었다. '**이게 바로 나야**'라는 강한 확신이 없었다. 이에 반해서 '**이건 내가 아니야**'라는 확신도 없었다. 다른 사람들의 뇌 속에는 '성별'이라고 표시된 파일이 저장되어 있는 모양이었다. 사샤는 자신의 머릿속을 샅샅이 뒤져 이 파일을 찾아내려 했지만 끝내 실패했다.

이게 무슨 뜻일까? 자기는 성별이 아예 없다는 생각에 겁을 먹은 것은 아니지만, 그렇다고 안심할 수도 없었다. 어쩌면 지나가는 과정일지도 모른다고 사샤는 생각했다. '아니면 내가 생각이 너무 많은 걸까?'

하지만 아닐 수도 있다. 어쩌면 질문 자체에 이미 답이 있는지도. 어쩌면 이쪽도 저쪽도 아닌, 그 중간에 진정한 자기 자리가 있는지도 모른다.

"적어도 제 입장에서는 **젠더퀴어**라는 말이 질문을 포함하고 있어요." 사샤는 설명했다. "내 성별이 무엇인지 의문을 제기한다는 사실이 곧 내가 젠더퀴어라는 뜻이니까요."

사샤는 계속 탐색하는 중이었다. 페이스북 상태 메시지가 바뀌었다. "당신이 선호하는 인칭대명사는 무엇인가요?"

"폐하." 칼이 받아서 재치 있게 대답했다. 하지만 그러고 나서 질문의 의도가 무엇인지 사샤에게 물었다.

사샤는 '그'와 '그녀' 사이에 다른 선택이 있다고 설명했다. 이를테면 '잇'it 또는 단수 대명사 '데이'they, 아니면 '네'ne, '베've, '제'ze, '세'xe처럼 비교적 최근에 아예 새로 생긴 성별 중립적 인칭대명사도 있었다. 얘기를 들으면서 칼은 사샤가 근래에 골몰하는 주제가 이것임을 깨달았다.

얼마 지나지 않아 사샤는 온라인에서 만났던, 스스로를 '젠더퀴어'라고 밝힌 사람에 대해서 부모님께 얘기를 꺼냈다.

"**너도** 젠더퀴어니?" 사샤의 엄마 데비가 물었다.

"네." 사샤가 대답했다.

이야기는 더 이상 이어지지 않았다. 하지만 그날 밤 사샤는 구글 플러스에 이런 글을 올렸다. "방금 부모님께 젠더퀴어라고 커밍아웃했다. 기본적으로 난 남성도 여성도 아니다."

사샤가 올린 게시물과 거기 달린 축하 댓글을 보면서 데비와 칼은 머리를 갸웃했다. 무언가 중대한 일이 일어난 것 같기는 한데, 그게 무엇인지 부부는 정확하게 이해할 수 없었다.

대관절 **젠더퀴어**가 뭐람?

젠더퀴어

데비와 칼 부부는 늘 사샤와 사이좋았다. 장난을 치고 함께 우스갯소리를 주고받으면서도, 중요한 일이 생기면 진지하게 대화하는 가족이었다. '성별에 관한 문제'가 사샤에게 중요한 일인 것은 분명했다. 다만 왜 중요한지, 그 이유를 이해하기가 어려웠다. 성관계에 관한 문제인가? 사랑에 관한 문제인가? 아니면 몸을 바꾸는 문제?

"이해해 보려고 제 나름대로 여전히 노력하는 중이에요." 이 문제에 대해 사샤와 처음 대화하고 2년이 지난 어느 날 데비는 말했다. "전 동성애자라고 커밍아웃하는 사람들을 이해해요. 트랜스젠더도요. 그런데 사샤의 경우는 이해하기가 더 어렵더라고요."

데비와 칼 부부는 내닫이창이 있는 거실의 진홍색 소파에 나란히 앉아 있었다. 사샤의 가족은 오클랜드 고등학교에서 대략 1~2킬로미터 떨어진 글렌뷰 구역의 아늑한 녹색 방갈로식 주택에서 살고 있다. 데비는 사립 초등학교에서 회계원으로 일하고 있다. 표정이 풍부한 얼굴을 턱까지 내려오는 금발이 감싸고 있다. 몸짓이 과장스러운 편이고 익살맞다. 아내와 비교하자면 칼은 수줍음이 많고 조용한 성품이다. 대학 방송국 라디오 DJ 출신으로 공립학교 유치원에서 교사로 일하는 칼은 간간이 냉소적인 유머를 구사하는 다정하고 사려 깊은 사람이다. 짧게 자른 옆머리에 은색 머리카락이 반짝이고 손목에는 '무지개' 우정 팔찌를 차고 있다.

데비는 계속 성교 문제에 마음이 쓰였다. 사샤는 누구와 섹스하고 싶은 걸까? 사샤가 젠더퀴어라고 선언한 후 데비는 분명하게 이해하고 싶어서 다음과 같이 물었다. "그래서 어느 성별에 끌린다는 거니? 남자한테 성적인 감정을 느낀다는 거니?"

정작 사샤에게 성교 대상은 중요한 문제가 아니었다. 사실 사샤는 누군가와 성교한다는 것 자체에 그다지 관심이 없었다. 게다가 자기 자신이 남자도 아니고 여자도 아니라고 생각하는데, **동성애자**이니 **이성애자**이니 하는 구분이 무슨 의미가 있겠는가.

우리 대부분은 젠더와 성애, 로맨스를 서로 얽히고설킨 하나의 커다란 감정 타래라고 생각한다. 이것은 나는 누구인가, 나는 누구에게 끌리고, 누구를 사랑하는가라는 문제와 이어진다. 인터넷을 통해 이 문제에 대해 탐색하기 시작하면서 사샤는 복잡하게 얽힌 타래를 갈래별로 정리하여 각각의 특징에 이름을 붙인 사람들이 있음을 알게 되었다.

온라인 대화에서 '성별'sex은 겉보기에 남성, 여성을 결정하는 염색체라든지 생식기관, 해부학적 구조 등 순전히 생물학적인 특징을 지칭했다. '젠더'gender는 사람들이 자기 자신에 대해서 느끼는 것, **내면**에서 어떻게 느끼는지를 표현하는 말이다. '성애'sexuality는 육체

44

적으로 누구에게 끌리는가라는 문제와 관련된다. '연애 감정'romance
은 누구에게 낭만적인 매력을 느끼는가에 관한 문제다. 각각의 범
주 내에서도 다양한 구분이 가능하다. 복수의 가로 칸과 복수의 세
로 줄이 교차하기에 수많은 조합이 가능한 거대한 선택지와 같다.

젠더, 성별, 성애, 연애 감정
: 몇 가지 용어들

언어란 빠르게 진화하고 사람은 저마다 선호하는 바가 다르기에, 여기에서 제시하는 것과 다르더라도 저마다 자신을 가장 잘 표현하는 용어를 선택할 수 있다.

젠더 및 성별에 관한 용어

에이젠더/뉴트로이스 · 어느 성별에도 속하지 않음.

안드로진 · 남성적 특징과 여성적 특성이 섞인 제3의 성.

바이젠더/젠더플루이드* · 때로는 남성, 때로는 여성으로 인식.

시스/시스젠더 · 트랜스젠더와는 달리 생래적 성별과 젠더 정체성이 일치.

젠더 퀘스처닝 · 자신이 젠더 영역 어디에 속하는지 확신이 없음.

젠더퀴어/논바이너리 · 젠더 정체성이 남성 또는 여성이라는 구분에 딱 들어맞지 않음.

인터섹스(간성) · 생식기, 성기 또는 염색체가 전형적인 여성 또는 남성의 신체 정의에 맞지 않음. 헤르마프로디테(불씹장이/어지자

46

지/남녀추니/고녀 등)라는 구시대적이며 모욕적인 용어를 대체하여 사용.

트랜스/트랜스젠더 · 실제로 몸이 변화를 겪었든 그렇지 않든 또는 겉으로 드러나든 그렇지 않든 출생 시에 지정된 성별과 자신이 인식하는 성별 정체성이 다르다고 느끼는 상태. 트랜스젠더 남성은 현재 스스로를 남자라고 인식하는 사람, 트랜스젠더 여성은 현재 스스로를 여자라고 인식하는 사람.

성애에 관한 용어

에이섹슈얼 · 누구에게도 신체적으로 끌리지 않음.

바이섹슈얼 · 여성과 남성 모두에게 신체적으로 끌림.

큐피오섹슈얼 · 누구에게도 성적 끌림을 느끼지 않지만 성적 관계에는 관심이 있음.

그레이섹슈얼 · 대체로 성적 끌림을 느끼지 않지만 가끔 느낌.

헤테로섹슈얼(이성애) · 반대의 성별을 가진 사람에게 신체적으로 끌림.

호모섹슈얼(동성애) · 같은 성별을 가진 사람에게 신체적으로 끌림.

팬섹슈얼(범성애) · 성별 스펙트럼에 상관없이 모든 사람에게 신체적으로 끌림.

연애 감정에 관한 용어

에이로맨틱 · 누구에게도 연애 감정이 생기지 않음.

바이로맨틱 · 남성과 여성 모두에게 연애 감정이 생김.

큐피오로맨틱 · 연애 감정을 느끼지는 않지만 연애 자체에는 관심이 있음.

헤테로로맨틱 · 반대의 성별을 가진 사람들에게 연애 감정을 느낌.

호모로맨틱 · 같은 성별을 가진 사람들에게 연애 감정을 느낌.

팬로맨틱 · 젠더 구분에 상관없이 연애 감정을 느낌.

콰이로맨틱 · 연애 감정과 플라토닉러브의 차이를 이해하지 못함.

---

* **바이젠더/젠더플루이드** 엄밀히 말하자면 바이젠더와 젠더플루이드가 같지는 않다. 바이젠더는 자기 안에 남성 정체성과 여성 정체성이 각각 개별적으로 존재하고, 젠더플루이드는 유동적인 성별을 지닌다. 젠더플루이드는 때로는 남성, 때로는 여성일 뿐만 아니라 때로는 에이젠더 때로는 바이젠더이기도 하다.

사샤에게 적합한 용어

최종적으로, 사샤가 자신을 잘 설명한다고 결론지은 용어는 다음과 같다.

에이젠더.
그레이-큐피오섹슈얼.
콰이로맨틱.
덧붙여, 엄격한 채식주의자.

사샤 되기

이 세상에는 '젠더퀴어'라는 정체성도 있다는 사실을 알게 된 순간, 마치 비밀의 방을 발견한 기분이었다. 이전까지는 세상에 남자 아니면 여자라는 단 두 개의 방만 존재했다. 이제 보니 또 다른 방이 존재하고 있었다. 자기가 원하는 대로 가구를 배치할 수 있는 방. 이 방 안에서 보내는 시간이 길어질수록 마음이 편안해졌다. 하지만 새로 발견한 이 방에 사는 아이의 이름은 여전히 남자애 이름인 루크였다. 2학년 2학기가 시작할 무렵 루크라는 이름은 더 이상 적합하지 않다는 게 분명해졌다.

어느 날 오후 집에 놀러온 앤드류와 함께, 두 친구는 위키백과에서 성별 구분이 없는 이름을 검색했다.

제이미. 섀넌. 테일러.

프랜. 재키. 크리스. 보비.

카이. 파커. 퀸.

사샤.

사샤는 러시아 이름인 알렉산드라와 알렉산드르에 모두 쓸 수 있는 애칭이었다. 마침 루크의 중간 이름이 알렉산더였다. 게다가 이 아이는 러시아와 관련된 모든 것에 열광하던 참이었다. 완벽한 이름이었다.

차츰차츰, 부모님과 친한 친구들에게 루크가 아닌 사샤라고 불러 달라고 부탁했다. 그해 봄, 사샤는 메이벡 고등학교의 교지 《파인애플》에 젠더 탐구에 관한 글을 하나 기고했다. 글쓴이 자리에 새 이름 '사샤'를 썼다.

도대체 이 '사샤'라는 인물이 누구인지 메이벡의 교직원과 학생들 대부분이 처음에는 알 도리가 없었다. 하지만 사샤와 '과거 루크라고 불리던 사람'을 한번 연결시킨 뒤에는 군말 없이 새로운 정보를 있는 그대로 받아들였다. "뭐, 대반전의 드라마 같은 일이 아니었습니다. 그저 하나의 변화일 뿐이었지요." 마이클은 당시를 이렇게 회상했다.

이언에게는 엄마만 둘이다. 그래서인지 LGBTQ와 관련한 것들을 편안하게 받아들였다. **'좋아, 남자가 아니란 말이지. 알겠어, 여자도 아니라고. 그러면 둘 다 아니야? 그래.'** 이런 식으로 생각이 흘러갔다는 것이다. 그가 말했다. "생각이 정리되기까지 10초도 안 걸렸어요. 그걸로 끝이었지요."

"사샤가 에이젠더라는 현실에 적응할 시간이 필요했어요. 남자도 여자도 아니라는 사람을 만난 것은 처음이지만 저는 히피들 손에서 자랐어요." 티아가 말했다. 다른 학교였다면 일반적인 성별 범주에서 벗어난 학생은 이러쿵저러쿵 구설수에 오르거나, 최소한 눈썹을 치올리고 보는 사람이 몇 명이라도 있었을 거다. 하지만 많지도 않은 메이벡 고등학교의 구성원 중에는 이미 에이젠더라는 학생이 한 명, 트랜스젠더라는 학생이 두 명 있었다.

"누군가 커밍아웃한다면 이렇게 생각해요. '좋아, 쟤 성별은 이거야, 이제부터 이름은 이렇게 불러야 하고, 인칭대명사는 이것을 써야 해.' 제 말은, 모든 사람들이 이런 과정에 익숙하지는 않겠지만 트랜스젠더와 친한 사람들에게는 이미 익숙한 일이라는 거예요." 사샤의 친구인 캐리가 설명했다.

올바르게 대하려 노력하는 친구들 덕분에 사샤는 자신을 잘못 부르는 지인들을 바로잡아 줄 정도로 자신감을 얻었다. 그리고 점점 더 '그'라는 대명사는 자신에게 맞지 않다는 생각이 들었다.

"다른 사람들이 저를 '그'라고 생각하지 않았으면 좋겠어요. 저를 '그'라고 부를 때, 그 사람들의 머릿속에서 **제가** 남자라는 인식이 강해질 뿐더러 그런 말을 듣는 다른 사람들도 그런 생각이 굳어지겠지요. 사실 저 자신에게 직접적으로 영향을 미치지는 않아요. 저는 '**아닌데, 그건 맞지 않은데**'라고 속으로 생각하고 말지요. 하지만 사람들이 성 중립적 대명사를 사용해서 올바르게 지칭해 주면 인정받는 느낌이 들어요." 사샤가 설명했다.

'루크…… 사샤…… 사람'이라고 이름 붙인 카드 한 장이 인덱스카드 묶음에 추가되었는데, 지시사항은 다음과 같았다. "**사샤를 그릇된 이름으로 부르는 사람은, 손에 쥔 카드 한 장을 내놓을 것.**"

공중화장실 문제

주유소 앞에 차를 대고 기다리면서, 데비는 논바이너리로 산다는 게 매우 골치 아픈 문제임을 실감했다. 때는 2012년, 사샤가 고등학교 3학년이던 해 추수감사절 직전이었다. 데비와 칼 부부, 그리고 사샤는 데비의 자매와 함께 휴가를 보내려고 캘리포니아 남부를 향해 차로 이동 중이었다. 한두 시간이 지나자 사샤는 화장실에 들르겠다고 했고, 5번 주간고속도로에서 약간 떨어진 어느 주유소에 차를 세웠다. 하지만 사샤는 '신사용' 화장실과 '숙녀용' 화장실이라는 두 가지 선택지 앞에서 고민하다가 차로 그냥 되돌아왔다.

"내가 갈 수 있는 화장실이 없어요." 뒷좌석에 오르며 사샤가 말했다.

데비는 부아가 났다. 사샤는 앞으로 죽 이렇게 살아야 하는 건가? 방광이 터질 것 같아도 참으면서? 데비가 열을 내며 말했다. "건강에 좋지 않아. 네게 맞는 화장실이 어디에나 있진 않을 거야. 융통성을 발휘해야 해."

그렇지만 사샤는 꿈쩍도 하지 않았고, 이모 집에 도착할 때까지 여섯 시간을 더 참았다.

힘겨운 시절이었다. 자신이 속한 범주를 인정하지 않는 세계에서 길을 찾는 사샤를 지켜볼 수밖에 다른 도리가 없었다. 데비는 때로 사샤가 조금만 더 유연해지기를 바랐다. 이를테면 사샤를 두고 '그'라고 지칭하는 악의 없는 친지들의 말버릇을 굳이 바로잡지 않고 넘어가기를. 그럼에도 환영할 만한 놀라운 점도 있었다고 칼이 지적했다. 사샤가 얼마나 수줍음 많은 아이인지 잘 아는 칼로서는 기꺼이 나서서 말하고, 사람들 눈에 띄기를 꺼리지 않는 사샤의 변화가 감탄스러웠다.

"사샤가 정해진 규범에서 벗어난 다른 대안을 문화의 일부로서 수용하는 메이벡 고등학교가 아니라 다른 학교를 다녔다면 어땠을까 궁금해질 때가 있었습니다. 자신에게 맞는 범주를 찾으려고 지금보다 훨씬 안간힘을 써야 했으리라는 생각이 들었습니다." 칼이 말했다. "젠더 정체성을 발견한 것은 사샤가 진정한 자신의 모습을 찾는 데 큰 도움이 되었습니다."

다시 찾은 공중화장실

그다음 한 해 동안 사샤는 화장실 문제를 해결할 방법을 모색했다.

메이벡 고등학교에서는 교직원 화장실을 이용했다.

집과 학교 밖 세상에서는 남성용이든 여성용이든 가리지 않고 기다리는 줄이 가장 짧은 화장실, 가장 가까운 화장실, 사람들 눈에 가장 덜 띄는 화장실을 이용했다.

한 장소에서 화장실을 여러 번 가야 할 때에는 번갈아 가며 이용했다. 사샤가 어느 화장실을 쓰는지 아무도 신경 쓰지 않는 것 같았다. 누군가 신경을 썼을지도 모르지만 어쨌든 사샤는 모른 채 지나갔다.

치마

메이벽 고등학교에서는 매년 옷 바꾸어 입는 날 행사가 열리는데, 사샤는 2학년 때 처음으로 치마를 입어 보았다. 젠더에 대해서 고민하기 이전의 일이었기에 여자처럼 옷을 입는다는 게 학교 행사 차원에서 참여한 즐거운 장난일 뿐이었다. 성별 지향과는 상관없이 남성복 혹은 여성복을 구성원 모두가 과장되게 입어 보는 날이었다. 사샤는 이웃에 사는 친구 캐리에게 치마를 빌렸는데, 한번 입어 보니 놀라울 정도로 편했다.

3학년이 된 2013년 1월 어느 날 사샤는 다시 캐리에게 도움을 청했다.

"여성용 옷이 없어."라고 사샤가 불평했다. 자신을 에어젠더라고 규정한 지 어느덧 1년 가까이 지났지만 사샤의 패션은 이전과 변함없이 남자아이 그대로였다.

"나한테는 **많아**!" 캐리가 대꾸했다. "많아도 너무 많아!"

캐리는 다음 날 등교하면서 자기가 입던 옷을 커다란 봉투에 가득 담아 왔는데 대부분이 중학교 때 입던 치마였다. 사샤는 꼼꼼히 살펴 고른 치마 몇 벌을 화장실에 가서 입어 보고는 그중 세 벌을 챙겨 집으로 가져갔다. 그날 이후 다시는 바지를 입지 않았다. 중국으로 수학여행 갔을 때만 빼고.

본래 사샤는 톱 해트에 트위드 재킷, 조끼, 나비넥타이를 갖추어 입는 스팀펑크 스타일을 지향했다. 심지어는 회중시계나 전투기 조종사용 고글을 착용하기도 했다. 기존의 옷차림에 치마를 더해서 하의는 여성복에 상의는 남성복을 입는, 이를테면 의복에서의 젠더 뒤섞기를 좋아하게 되었다. 하지만 별로 멋을 부리지 않고 캐리가 물려준 낡은 치마와 티셔츠를 대충 입고서 무릎까지 오는 긴 양말을 신는 날들이 더 많았다.

사샤의 옷차림이 도 넘게 화려하지는 않았지만 데비는 불안했다. 사샤가 학교에서 별일 없으리라는 것은 잘 알고 있었다. 관습에서 벗어나는 걸 미덕으로 여기는 메이벡 고등학교라면 치마를 입는 사샤는 외려 장점이 늘어난 셈이었다. 문제는 버스였다. 치마를 입는 것은 사샤가 투명 망토를 벗어 던진다는 의미였다. 이제 사샤는 눈에 띄지 않는 존재가 아니라 눈길을 끄는 존재가 될 터였다. 메이벡 고등학교라는 안식처 밖에서 사람들 눈에 띄는 차림이나 행동을 하는 것은 바람직한 선택이 아니었다.

트랜스젠더가 폭력 범죄의 피해자가 될 확률은 놀랄 만큼 높다. 트랜스젠더 네 명 중 한 명이 편견이 동기가 된 폭행을 경험했는데, 트랜스 여성이나 유색인 트랜스젠더, 그리고 남성도 여성도 아닌 에이젠더들의 경우 그 비율이 훨씬 높았다. 2008년에 전국적으로 실시한 트랜스젠더 차별에 관한 조사에서 총 860명의 논바이너리 응답자 중 32퍼센트가 신체적 폭행을 경험했다고 답했다.

"힘들게 하는 사람은 없었니?" 학교에서 돌아온 사샤에게 데비가 묻고는 했다.

사샤의 대답은 한결같았다. **없었어요, 괜찮아요, 걱정 마세요.**

한번은 버스 정류장에서 한 할머니가 사샤에게 다가와서 물었다. "너는 왜 치마를 입고 있니? 넌 여자애가 아니잖아!"

"저는 치마를 좋아하거든요. 그러니까 치마를 입죠." 사샤가 대답했다.

이 정도가 최악의 경우였다. 사샤의 진짜 할머니 연배인 노인에게서 다소 무례한 질문을 받았던 단 한 번의 경험.

그렇지만 데비는 여전히 걱정스러웠다.

조깅

칼은 오클랜드와 버클리의 경계 부근에 있는 주택가 힐개스 거리를 달리고 있었다. 1987년 11월 말경이었다. 당시 칼은 20대 초반으로 데비와 결혼하기 전이었고 근처 카페에서 일하고 있었다. 떡갈나무 잎사귀, 안개, 재스민, 자동차 배기가스, 바닷바람, 그리고 자신의 몸에서 나는 땀내까지, 달리는 동안 갖가지 냄새가 차례로 스쳐지나갔다. 포장도로 위에 단조롭게 울리는 운동화 소리, 들이쉬고 내쉬는 숨소리, 규칙적으로 박동하는 자신의 심장 소리에 집중하고 있었다.

"어이, 당신 다리가 마음에 드는걸!"

칼의 뒤편으로 트럭 한 대가 천천히 접근했다.

심장이 박동하는 소리가 커졌고 확성기를 단 듯이 가슴이 쿵쾅거렸다. 곁눈으로 슬쩍 쳐다보니 픽업트럭에 젊은 남자 셋이 타고 있었다.

한 남자가 차창 밖으로 몸을 빼며 말했다. "한번 할까?"

혈관을 타고 아드레날린이 솟구쳤다. 사람들이 붐비는 앨커트

래즈 거리로 방향을 트는데 두 다리가 후들거렸다. 트럭이 칼을 따라오기에 다시 힐개스 거리로 방향을 급선회했다. '도대체 나한테 원하는 게 뭐지?' 의아한 와중에 가슴이 두근거렸다.

추격자들이 트럭을 후진시켜 빠르게 칼을 추월했다. 속도를 늦추더니 급기야 남자 하나가 차에서 내렸다. 칼은 옆길로 빠르게 달려 내려왔다. 트럭이 다시 쫓아왔다.

더위와 초조함, 두려움 속에 진땀, 식은땀, 그냥 땀이 뒤섞여 칼의 티셔츠가 흠뻑 젖었다. 공포감에 휩싸여 흥분한 채로 길을 따라 전력으로 내달렸다.

그때 트럭이 칼의 앞쪽에 멈춰 섰다. 운전자가 차에서 내려 인도를 막아서며 말했다. "이봐, 우리 말을 왜 무시하지?"

칼은 하릴없이 달리기를 멈췄다. 양쪽 귀에서 경보음이 마구 울리는 듯했다. "바쁘니까요." 칼이 가쁜 숨을 몰아쉬며 대답했다.

그사이 두 번째 남자가 뒤쪽으로 다가오는 기척을 알아채지 못했다.

남자가 다가오고 칼은 길 한복판에서 뻗어 버렸다. 구경꾼들이 걱정스러운 듯 모여들었다. 머리와 얼굴이 아팠다. 경찰이 출동했지만 칼을 공격한 남자들은 이미 멀리 달아난 뒤였다.

그날 저녁, 칼은 일기에 이날의 사건을 "매우 이상한 일"이었다고 적었다. 남자들이 왜 자기를 골랐는지, 왜 자신을 게이라고 생각했는지 곱씹어 보지는 않았다. 어쩌다 일어난 우연한 사건이었고 그런 일이 또 일어날 것 같지는 않았다.

백악관 청원

메이백 고등학교에서는 매주 수요일마다 아래층에 있는 교회 본당에서 전교생이 참가하는 모임 행사를 연다. 학생들은 신도석에 자유롭게 앉아서 음악 연주를 관람하거나 직접 발표를 하거나 초청 연사의 강연을 듣기도 한다. 3월의 어느 수요일, 3학년 사샤는 반원형 무대에 올라 세 가지 사항을 발표했다.

1. 저는 사샤이고 에이젠더입니다.
2. 타인이 선호하는 인칭대명사를 존중하는 건 중요한 일이며 잘 모르겠으면 당사자에게 미리 물어보아야 합니다.
3. 저는 백악관 청원 게시판에 논바이너리 성별을 인정해 달라는 청원을 올렸습니다.

백악관에서 운영하는 '위 더 피플'* 사이트는 누구든 어떤 문제를 해결해 달라거나, 정책을 바꾸어 달라고 연방정부에 요청할 수 있는 청원 게시판이다. 서명 창이 열리는 30일 동안 일정 수 이상

61

의 사람들이 서명하면 백악관은 공식 답변을 내놓아야 한다. 사샤가 올린 청원 내용은 다음과 같았다.

미합중국에서 발행하는 법률 문서에는 성별이 '남성'M과 '여성'F으로만 구분되어 있어서 이 두 성별에 속하지 않는 사람들이 선택할 수 있는 항목이 없습니다. 오스트레일리아와 뉴질랜드의 경우 여권 등의 공식 문서에서 M이나 F대신 X를 선택할 수 있으며, 영국에서는 성별 중립적인 사람들을 일컬을 때 '믹스'Mx라는 호칭 사용을 인정하고 있습니다.
오바마 행정부가 남성-여성 이외의 성별을 합법적으로 인정해 줄 것을, 그래서 모든 법률 문서나 공식 기록에 제3의 성별을 선택할 수 있도록 항목을 제시해 줄 것을 청원합니다.

사샤 자신도 놀랐다. 이 청원에 서명한 사람이 2만 7,000명이 넘었다. 사실상 백악관이 공식적으로 대응해야 하는 서명 기준을 달성한 셈이었다. 〈스타워즈〉에 나오는 '죽음의 별'을 영화와 똑같이 제작해 달라는 두어 달 전의 청원만 아니었다면 말이다. '죽음의 별' 청원 동의자가 3만 4,000명을 넘자, 백악관은 공식 답변을 받기 위해 필요한 청원 동의 수를 2만 5,000에서 10만으로 상향 조정했던 것이다.

결과적으로 공식 답변을 받지는 못했지만 2만 7,000명의 서명은 결코 보잘것없는 성과가 아니었다.

"제가 쓴 청원을 읽고 동의해 준 사람이 2만 7,000명이나 됐어
요. 기분이 꽤 좋았어요."라고 사샤가 말했다.

---

* **위 더 피플** 2011년 오바마 행정부에서 운영하기 시작한 백악관 청원 사이트로, 트럼
프 행정부가 2017년 플랫폼 개편을 이유로 잠정 폐쇄했다.

클립보드

3학년 말 즈음, 사샤는 칼이 유치원 교사로 일하는 세쿼이아 초등학교를 찾았다. 여름방학을 앞두고 교실 짐을 정리하는 아빠를 돕기 위해서였다. 책과 서류철을 상자에 넣어 정리하고 벽에 붙여 두었던 낱말 카드를 떼어 내던 중에 사샤는 클립보드 두 개를 발견했다. 방과 후 부모가 아이들을 데려갈 때 서명하는 명단을 끼워 둔 것인데, 하나는 '여아', 다른 하나는 '남아'라고 쓰여 있었다.

"여자아이도 남자아이도 아닌 아이들은 어떡해요? **그들은** 어느 쪽 클립보드예요?"라고 사샤가 물었다.

"그저 편의상 분류일 뿐이야. 부모님들이 길게 줄설 필요 없도록 교실 문 양쪽에 클립보드를 걸어 두는데, 이렇게 나누는 게 손쉽단다." 칼은 유치원생 아이들이 어떤 식으로든 자신의 성별에 신경을 쓰리라고 상상하지 못했다.

8월 개학 후 교실로 돌아왔을 때 칼은 새로운 학년을 준비하면서 사샤가 정리해 둔 상자에서 클립보드를 다시 꺼냈다. 그대로 교실 문 옆의 고리에 매달다가 문득 사샤의 말이 생각났다. 아이들을 다른 방식으로 나누는 게 그렇게 어려운 일인가? 칼은 검은색 펜을 사용해서 클립보드에 새로운 라벨을 달았다. 'A-M', 그리고 'N-Z'. 마음만 먹으면 바꿀 수 있는 작은 변화였다.

3년이 지난 지금, 칼이 맡고 있는 유치원 교실에는 공주처럼 꾸미기를 좋아하는 남자아이 하나와, 언젠가 남자아이가 될 거라고 말하는 여자아이가 하나 있다.

"결국 사샤가 옳았습니다. 유치원생들도 자신을 아무렇게나 분류하는 걸 원치 않아요."

생애 최고의 날

생애 최고의 날. 사샤가 즐겨 쓰는 표현이었다. "내 생애 최고의 날 이었어!" 이렇게 외치곤 했다. 열중하는 것, 진짜 좋아하는 것이 많으면 많을수록 생애 최고의 날을 맞게 될 기회가 많아진다. 4학년으로 올라가기 직전 여름에 사샤는 케임브리지에 있는 매사추세츠공과대학교^{MIT}를 방문했다. 그런데 우연찮게도 지하철 승강장에서 구성이 매우 복잡한 웹 코믹 〈홈스턱〉의 팬을 만났다. 그 사람은 사샤의 치마를 칭찬하며 "내 치마는 세탁 중이라 오늘 못 입었어요." 라고 말했다. 두 사람은 텀블러 계정 주소를 교환했다.

생애. 최고의. 날

지하철 덕분에. 케임브리지 덕분에. 〈홈스턱〉 덕분에. 텀블러 덕분에. 그리고 치마 덕분에.

복장 규정

날렵하든 펑퍼짐하든
허리가 잘록 들어갔든
주름이 있든 뜨개질을 했든
무늬가 있든 없든.

1968년 엘카미노리얼 고등학교에서
여학생들은 치마를 입거나
아니면 귀가 조치.

바지를! 바지를!
여학생들에게 바지를!
데비와 친구들은 일어섰네
두 다리를 천으로 감싸고
그리고 이겼지.

하지만 여전히 규칙이 남아 있어.

청바지는 안 돼. 짧은 치마는 안 돼.

다시 한번 데비는 손수 드레스를 만들었어,

인도산 침대보를 가지고

하이넥에 페이즐리 무늬

히피와 할머니의 만남.

학교는 데비를 집으로 돌려보냈지.

그들은 말했지.

주름이 너풀너풀, 이불처럼 늘어진 그 치마는

그냥

너무 길어.

사샤와 니모

메이벡 고등학교에서는 1년에 한 번 캠핑 여행을 떠났다. 학생들이 요세미티 국립공원에 도착한 지 한 시간가량 지났을 때 대피 경보가 울렸다. 2013년 8월, 사샤가 4학년이 되기 직전의 일이었다. 캘리포니아주에서 발생한 역대 세 번째 규모의 대형 산불인 '림 산불'이 그로브랜드 인근의 캠핑장을 향해 다가오면서 오렌지색 연기가 하늘을 온통 뒤덮고 있었다. 사샤는 한 학년 아래인 니모와 함께 유홀 이삿짐 트럭처럼 생긴 차 짐칸에 올라탔다. 환기가 전혀 안 되는 트럭 안은 답답하고 뜨겁고 비좁았다.

"우린 뭐 죽은 거죠." 훗날 니모가 말했다.

"**정말로** 죽은 건 아니고요." 사샤가 덧붙였다.

"둘 다 겁에 질렸어요. 우리의 첫 번째 데이트였지요." 니모가 말했다.

두 사람은 다큐멘터리 영화감독 로니 샤벨슨과 인터뷰하고 있었다. 샤벨슨은 인터뷰를 편집해 논바이너리 젠더에 관한 영화 〈셋부터 무한대까지〉를 제작했다. 니모는 젠더플루이드다.

"제게 **젠더플루이드**란 '무엇이든 될 수 있다'는 가능성을 의미해요. 언제든 어느 성별이든 말이죠. 전 남자일수도 여자일수도, 그냥 남성적이거나 여성적이기만 할 수도 있고 둘 다 아닐 수도, 아니면 둘 다일 수도 있어요." 니모가 설명했다. 니모도 사샤처럼 '데이', '뎀'them이라는 인칭대명사를 선호한다.

사샤와 니모는 메이벡 고등학교의 '퀴어 동아리'에서 처음 만났고, 한 해 전에는 함께 〈레미제라블〉을 관람하기도 했다. 대피 트럭 뒤에서 시련의 시간을 함께 겪은 뒤로 두 사람의 관계가 달라졌다. 다만 두 사람 모두 이 관계를 어떻게 규정해야 할지 확신이 없었다. 두 십대 청소년은 카메라 앞에서 애기할 때보다 서로를 바라볼 때가 더 수줍고 어색했다. 하지만 어떻게든 자신들의 관계를 설명해 보려 애썼다.

"우리 사이는……" 하고 사샤가 먼저 말을 꺼냈다.

"헷갈려요." 니모가 맺었다.

"말하자면 플라토닉적인 관계이지만, 다른 사람들이 보기에 로맨틱하다고 생각할 만한 요소도 있지요." 다시 사샤가 설명했다.

"서로 안아 주고 키스하고 그런 거요. 하지만 순전히 로맨틱한 관계는 아니에요. 성적인 관계도 아니고요. 한 번씩 꼭 만나고, 만나면 키스하기보다는 서로 안아 주는 식이에요. '사랑해.'라는 말 대신에 '네가 최고야.'라고 말하는 사이." 니모의 설명이었다.

"전 에이로맨틱이에요." 사샤가 설명했다. "그래서 연애 관계는 맺지 않아요."

"그리고 전 에이섹슈얼이에요. 그래서 성적인 관계를 맺지 않고요." 니모가 말했다.

"우리 관계는 그 캠핑 여행, 그러니까 화재 대피 과정에서 완성체로 탄생한 셈이에요. 그냥 그렇게 시작되었어요. 마치 '그래, 이거야. 원래 이런 거야.'라는 식으로요. 우리는 서로에게 안정감을 줘요. 또는 서로 보완한다고 말할 수도 있고요." 사샤가 덧붙였다.

웹 코믹 〈홈스턱〉에서는 이런 관계를 모이레일moirail이라고 부른다. 가장 중요한 사람. 어쩌면 영혼의 단짝, 하지만 로맨틱한 의미의 애인은 아닌 사람. 두 사람 모두 논바이너리라는 사실은 두 사람이 함께하는 이유가 아니다. 두 사람이 공유하는 여러 공통점 중 하나일 뿐이다.

2

리처드

얼굴들의 책
— 리처드가 페이스북에 올린 사진들 —

실눈에 웃음 띤 사촌 곁에서
미소 짓는.

여성용 귀갑테 선글라스를 끼고
짐짓 엄중한 표정.

비니를 쓴 열네 살 때:
동그란 얼굴에 빛나는 눈동자.

열여섯 살 때: 턱을 늘어뜨리고 눈썹을 치올린
'뭐, 어쩌라고?' 묻는 표정.

소파에서 부드러운 눈길,
동생을 가슴 깊이 감싸 안고.

스키트 옆에 서서, 등뼈를 곧추세우고
턱을 들어 올린 채, 꼬투리 속 완두콩 형제처럼.

세월이 흐른 뒤, 스키트의 사진 옆에서,
친구를 기리는 밴대너를 쓰고.

거울 셀카: 손을
허리춤에 두고, 쳐다보지도 않는.

이 사진들 중 어떤 것도 포착하지 못한다,
얘기를 나눌 때 이 애가 어떤 표정을 짓는지.

이 애의 두 눈동자에 당신의 눈이 어떻게 비치는지,
이 애를 보는 당신을 바라보는.

자신만의 비밀 무기:
집중하기.

등교 첫날

대걸레가 막 훑고 지나간 복도에서 나는
레몬-솔 향의 락스 냄새,
아직도 화학물질 잔향이 남은 새 청바지 냄새,
연필밥, 땀, 튀김 기름 냄새,
보디 스프레이, 화장실의 지린내,
마리화나 연기, 아침의 구취—
교실을 이동하는 학생들의 땀 냄새,
양말 냄새, 발 냄새, 피 냄새, 뼈 냄새,
복도를 지나 계단을 올라
이름 모를 얼굴들로 가득 찬 교실을 찾아가는 냄새—
화이트보드를 깨끗이 닦아 내는
톡 쏘는 지우개 냄새, 그러니
무시하시라. 작년에 낙서했던 유령들,
아직 그곳에 남아 있는, 언뜻언뜻 드러나는 유령들을.

오랜 친구

오클랜드 고등학교에서 리처드를 찾아냈을 때 셰리는 믿을 수 없었다. "하느님 맙소사!" 셰리는 이렇게 외치며 두 팔 벌려 리처드를 안았다. 두 친구는 87번가에 있는 같은 아파트에서 자랐다. 외벽에 황갈색 벽토가 발린 2층짜리 건물이었다. 바람에 가지가 휜 몬터레이 소나무 몇 그루가 건물 앞에 서 있었다. 다니는 학교는 달랐지만 9학년 때까지 둘도 없는 단짝이었다. 그 후 1년 넘게 서로 못 보다가 이제 고등학교 3학년이 되어 다시 만나게 된 것이었다.

마침, 리처드에게도 셰리에게도 끔찍한 한 해를 보낸 뒤였다. 둘 다 마음이 부서진 상태였고 어쩌면 영원히 고칠 수 없을지도 몰랐다. 하지만 어쨌든 서로를 다시 만나다니 마냥 **좋았다**. 우울하고 상처를 받았어도 셰리는 반짝였다. 재미있고 당당한 셰리. 옅은 갈색 피부에 길고 곧은 머리칼, 우뚝한 코에 피어싱을 한 셰리는 지나가던 사람도 돌아보게 만들 만큼 예뻤다. 동그스름한 얼굴형에 개암 같은 옅은 녹갈색 눈을 가진 리처드 역시 잘생긴 소년이었다. 세상의 중심에 서 있다는 느낌을 받을 정도로 뚫어져라 바라보는 버릇이 있었다. 피부색이 밝은 편이어서 혼혈이 아닌지 종종 의심받기도 했다. 리처드는 오클랜드 말로 '하이피'hyphy하게, 즉 산만하게, 제 나이에 비해 어리게 행동하는 편이었다. 언제나 웃음 띤 얼굴로 때와 장소를 가리지 않고 장난을 치고 까불댔다.

"방해받고 싶지 않을 때가 있잖아요. 그럴 때에도 계속해서 말을 시키고 장난을 거는 애예요. 결국 욕하며 밀치게 만들죠. 그래도 그 애는 웃으며 받아 줘요. 관심 받고 싶어 했어요. 상대를 귀찮게 하는 걸 즐기고요. 장난삼아 치거나 시비 거는 것도 좋아해요. '제발 좀 사라져 줘! 맙소사!'라고 소리치게 만들어요." 셰리가 말했다.

낯선 사람들과 함께 있을 때에는 조용히 입 다물고 경계했다. 배경 속에 스며들어 밝은 개암색 눈으로 모든 상황이 파악될 때까지 가만히 지켜보았다. 하지만 일단 친해지고 나면 가족처럼 살갑게 대했다. 실제로 친구를 형제 또는 자매라고 부르기도 했다. 그리고 해가 서쪽에서 뜨지 않는 한, 리처드는 절대로 친구를 배신하지 않을 아이였다.

"신경을 긁기도 했지만 전 리처드를 끔찍하게 사랑했어요." 셰리가 지난 추억을 떠올리며 말했다. "그 애는 제 친구였어요. 그 애 없이 어떻게 해야 할지 좀체 모르겠어요."

오클랜드 고등학교

오클랜드 고등학교가 오클랜드 최고의 학교는 아니다. 그렇지만 단언컨대, 최악의 학교랄 수도 없다. 거의 모든 측면에서 딱 중간에 위치한다고 보는 게 맞을 것이다. 시내의 가파른 경사지에 자리 잡고 있어서, 만약 여기서부터 구른다면 아래쪽 파크대로 동네를 거쳐, 물보라를 일으키며 메릿 호수로 퐁당 입수하게 될 것이다. 하지만 오클랜드에서 흔히 벌어지는 드라마처럼 극적인 여러 사건들과 거리를 둘 정도로 충분히 높은 곳에 있지도 않다. 아이를 오클랜드 고등학교에 보내는 백인 가정은 별로 없는 데 반해 다른 인종의 가정에서는 모두 그리 보냈다. 그래서 학생 중 44퍼센트가 아시아계, 33퍼센트가 아프리카계, 18퍼센트가 라틴계였다. 오클랜드시에서는 주소지 학군에 따른 입학 제한을 두지 않기에 통합 학군에 속한 모든 학교에 지원할 수 있는데, 오클랜드 고등학교는 그중 인기 있는 편이었다. 도시 사방의 복닥거리는 동네를 뒤로하고 집에서 가까운 학교 대신 좀 더 안전하고, 좀 더 정신이 제대로 박힌 학교를 찾는 아이들이 오클랜드 고등학교를 선택하고 장거리 통학을 감수했다. 거리의 광기가 행여 학교 담장을 넘는 불상사를 막고자 정문 앞에 경비원을 배치해 두었지만, 교정 안에도 이미 광기가 가득했다. 굳이 찾아 나서야 보이는 경우도 있지만 어떤 것은 못 본 체 지나치기가 외려 더 어려웠다. 화장실에서 손목을 그으려 한 소녀, 복도에서 벌어진 싸움, 고함치거나 줄행랑을 놓거나 흐느껴 우는 학생들, 누가 총에 맞았다더라, 누가 누구와 사귄다더라, 누가 누구를 찾는다더라, 찾으면 어떻게 한다더라 하는 갖가지 소문들.

물론 이 모든 광기와 불행을 헤치고 앞으로 나아갈 기회는 있었고 대다수 아이들이 그렇게 했다. 공중보건, 시각예술, 환경과학 등 대학 과목 선이수를 위한 학급과 전문 강의가 개설되어 있었다. 흑인 소년들에게 멘토 역할을 하는 '아프리카계 미국인 남학생 성취 프로그램'도 운영하고 있었다. 상담을 진행하고 건강과 학업을 지원하는 웰니스 센터도 학내에 있었다. 평점 2.0 이상을 유지하는 조건으로 미식축구나 야구, 농구, 육상 등을 선택할 수도 있었다.

사각모를 쓰고 졸업 가운을 입고 연단을 가로질러 행진하는 그 순간이 도달해야 할 목표이자 결승선이었다. 그해 오클랜드 고등학교 학생 셋 중 두 명 꼴로 그렇게 졸업에 성공했다. 무엇인가에 또는 누군가에 발목이 잡혀 넘어지지만 않는다면, 누구든 결승선에 도달할 수 있었다. 하지만 살다 보면 무언가에 발이 걸려 나자빠질 일이 생기기 마련이다. 그렇게 한번 자빠지고 나면 졸업에 실패하는 나머지 한 명에 속하게 된다. 교실에서 수업을 들어야 할 시간에 복도를 어슬렁거리거나, 그것도 아니면 아예 학교에서 멀어져서,

졸업식 연단을 가로지르는 행진에서 완전히 이탈하여 마리화나 연기처럼 흐릿한 미래를 향해 표류하기도 한다.

물론 인생의 중요한 갈림길에 다다른 순간이라 해도 그걸 알아차리기란 쉽지 않다. 여느 날과 다를 바 없다고 느낄 것이다. 몸이 어딘가 아프거나 어린 여동생이 울고 보채서 결석하게 된 어느 날, 미처 시험공부를 하지 않아서 아예 학교를 빼먹기로 마음먹은 어느 날, 입을 옷이 마땅치 않고 초라한데 남들이 수군거릴 게 염증이 났던 어느 날, 자신을 찾는 누군가를 피해 며칠 동안 쥐도 새도 모르게 숨어 지내야 했던 어느 날, 수업을 빼먹는 게 훨씬 더 나은 선택인 것처럼 느끼게 만드는 핑계는 이 밖에도 셀 수 없이 많다. 그렇게 한번 멈추고 나면 다시 시작하기 어렵게 된다. 며칠이 어느새 몇 주가 되고, 몇 주는 눈 깜짝할 새에 몇 달로 바뀐다. 그러다 어느 시점에 다다르면 어떤 미래에 발을 들여놓았다는 사실을 깨닫게 된다. 한 번도 계획한 적 없었던 미래. 모든 것이 훨씬 더 어려워질 그런 미래.

카프리스 선생님

2013-2014학년도가 시작된 지 3주가 지난 어느 날 리처드의 친구 하나가 다른 학생과 싸워서 귀가 처분을 받았다. 이 여학생한테 얘기 좀 하자는 문자를 받은 리처드는 학교 앞 버스 정류장으로 나갔다. 아직 한낮이었고 수업이 끝나지 않았지만 리처드는 개의치 않았다. 이제 3학년이 되었음에도 리처드는 셰리와 함께 학교를 빼먹고는 했다. 친구들과 어울려 시내를 싸돌아다니며 뭔가 재미있는 일을 찾아내거나 사고를 치고는 했던 9학년 때와 달라진 게 별로 없었다. 말하자면 리처드는 매일 학교에 가고, 하루 종일 책상에 앉아 수업을 듣는 일과가 도무지 몸에 배질 않았다.

마침내 친구가 버스 정류장에 나타났는데 일행이 있었다. 흑단 같은 긴 머리칼, 달랑거리는 큰 귀걸이, 햇살처럼 따뜻한 미소를 지닌 아담한 체구의 한 여성이 동행했다. 오클랜드 고등학교의 출결 담당 교직원, 카프리스 윌슨이었다. 카프리스는 리처드가 누구인지는 몰랐지만 이 아이가 오클랜드 고등학교 학생이라는 것은 알아보았고, 아직 수업이 끝나지 않은 시간이었다. 카프리스는 리처드에게 네 친구는 버스를 타고 귀가해야 하지만 너는 교실로 돌아가야한다고 말했다.

리처드는 카프리스를 따라 학교로 되돌아가며 이것저것 질문을쏟아 냈다. "누구세요?" "선생님은 무슨 일을 하세요?" 카프리스윌슨은 학교에서 흔히 볼 수 있는 교직원들과는 달라 보였다. 이를테면 고향 친구 같은 친근함이 있었다.

"난 무단결석 관리 교사야." 카프리스가 말했다. "학교를 많이빠지면 내가 운영하는 개입 프로그램에 참여하게 돼."

"그럼 문제가 있는 아이들을 도와주시나요?" 리처드가 물었다.

카프리스는 고개를 끄덕이는 것으로 대답을 대신했다.

"저도 문제가 좀 있어요. 선생님 프로그램에 참여할 수 있을까요?" 리처드가 물었다.

카프리스는 리처드의 눈을 가만히 바라보았다. 프로그램에 참여하고 싶다고 **먼저 부탁한** 아이는 지금껏 하나도 없었다. 보통은결석을 너무 많이 해서 낙제나 중퇴, 그도 아니면 제적당할 위기에처했을 때 강제로 프로그램에 배정되는 식이었다. 결원이 생기더라도 굳이 다른 학생으로 채우려고 애쓰지도 않았다. 오클랜드 고등학교에 등록된 학생 수는 1,875명, 그중 밥 먹듯이 무단결석하는 학생이 대략 800명 정도였다. 운이 좋아도 1년이라는 기간 동안 도움을 줄 수 있는 학생은 그중 275명뿐이었다.

"그래요. 다른 아이들처럼 저도 좀 도와주세요. 학교를 여러 군데 다녔고 어려움에 처해 있기는 하지만 전 정말 나쁜 애는 아니에요." 리처드가 말했다.

자신의 사무실로 돌아온 카프리스는 리처드의 생활기록부를 찾아보았다. 그녀가 운영하는 프로그램은 주로 1, 2학년이 대상이었다. 고학년에 비해 비교적 제자리로 돌아오기 쉽기 때문이다. 리처드는 이미 3학년이었다. 그럼에도 리처드에게 도움이 필요하다는 사실은 분명해 보였다. 성적이 나쁜 데다 결석도 잦았다. 오클랜드시 안에서만 이곳이 벌써 세 번째 고등학교였는데, 심지어 2학년한 해 동안은 차로 세 시간 반 거리에 있는 캘리포니아주 레딩시의 소년 감호 위탁 기관인 그룹홈에서 생활했다. 1학년 때 싸움을 벌여체포된 후 소년 법원의 처분에 따라 그곳으로 보내졌다.

다음에 만났을 때 카프리스는 자신의 도움을 받으려면 먼저 새로운 규칙 몇 가지를 배워야 한다고 리처드에게 말했다. "선을 넘어이쪽으로 오면 네가 뭘 피할 수 있는지 아니?"

리처드는 어리둥절해서 머리를 절레절레 저었다. "뭔데요?"

"아무것도. 전혀 아무것도 피할 수 없어. 나는 다만 네가 카프리스 가족의 가훈을 이해하게 만들 생각이야. '**어떤 장애물도 네가 세운 목표보다는 중요하지 않다.**' 그리고 당장의 목표는 졸업이야. 우리 가훈을 따르지 않을 거라면 이것만 알아 두렴. 내 캐비닛 뒤쪽에는 벨트가 한가득 있는데 헐렁한 바지용은 아니라는 걸 말이야."

리처드는 웃음을 터뜨리며 "알겠어요."라고 말했다. 그리고 환하게 미소 지었다.

이스트오클랜드의 공주

카프리스 윌슨은 1980년대에 이스트오클랜드에서 성년을 맞았다. 이 일대 거리에서 크랙 코카인이 이제 막 첫선을 보인 때였다. 투약자에게 크랙은 곧 가난을 의미했다. 마치 강도에게 털린 자동차처럼 삶이 발가벗겨졌고, 하나둘 내다 팔아 다음 약을 마련했다. 반면에 마약상들에게 크랙은 권력과 존경, 두둑한 돈뭉치, 황금 목걸이와 화려한 보석, 고급 승용차를 의미했다.

"모든 것이 순식간이었어요. 우리 아이들에게 어떤 영향을 미치게 될지 생각한 사람은 아무도 없었어요." 카프리스가 말했다.

카프리스는 열네 살에 한 소년을 만났다. 자전거를 탄 소년은 82번가와 맥아더대로가 만나는 모퉁이에서 자동차를 상대로 담력을 겨루는 중이었다. 소년이 자동차 운전자를 겁주려고 자전거를 차에 바짝 갖다 댔다. 하지만 운전자는 방향을 틀어 소년을 치려 했다. 자전거를 탄 소년은 도망치다 연석에 부딪혔는데, 자전거 위로 점프하더니 두 발로 착지하며 씩 웃었다.

"맙소사, 얘들아, 봤어? 나를 거의 칠 뻔했어." 그 애가 말했다.

사람들은 소년을 '릴 제리'라고 불렀다. 나이는 열세 살이었다. 카프리스는 그 애에게 한눈에 반했다. 릴 제리도 카프리스가 좋았다. 어느새 두 사람은 매일 밤 전화하는 사이가 되었다. 카프리스가 처음 릴 제리 집에 놀러갔을 때 그의 누이들은 릴 제리가 입만 열면 카프리스에 관한 얘기뿐이라고 알려 주었다. 자신이 릴 제리의 여자친구가 되었다는 걸 그렇게 알게 되었다.

릴 제리는 대여섯 살 때부터 이스트오클랜드의 식스티나인빌 갱단 소속이라고 '주장해' 왔다. 주사위 도박장에서 구겨진 지폐를 다림질해서 빳빳하게 펴거나 고무줄로 묶는 일을 하며 푼돈을 벌기 시작해 조직 내에서 한 계단씩 밟아 올라갔다. 어느덧 키가 거의 190센티까지 자랐지만 여전히 '릴(=리틀)' 제리라는 별명으로 불렸다. 열다섯이 되자, 돈다발이 가득 든 배낭 여러 개를 메고 다녔다. 면허증을 발급받지 못하는 어린 나이에 자동차 네댓 대를 소유할 정도로 부자였다. 털가죽 사각팬티 위에 기다란 밍크코트를 걸치고 라스베이거스에 가서 격투 경기를 즐겨 관람하고는 했다.

식스티나인빌 갱단의 두목 펠릭스 미첼은 서부 연안의 헤로인 시장 상당 부분을 장악한 인물이었다. 1983년 연방법 위반 혐의로 체포되었고 2년 뒤 종신형을 선고받았다. 그로부터 14개월 후 레번워스 연방 교도소에서 복역하던 중에 동료 수감자의 칼에 찔려 사망했다. 펠릭스 미첼의 장례식은 전국 뉴스로 보도되었다. 마차가 그의 관을 싣고 오클랜드 거리를 가로지르는 동안 롤스로이스 네 대, 흰색 리무진 열 대에 각종 캐딜락과 링컨 자동차 행렬이 그 뒤를 따랐다. 수천 명의 오클랜드 시민들이 거리로 나와 10킬로미터가 넘는 긴 장례 행렬을 구경했다. 카프리스의 엄마는 딸아이의 외출을 허락해 주지 않았다. 펠릭스 미첼이 딸에게 나쁜 본보기가 될까 봐 걱정하기에는 너무 늦었다는 걸 미처 몰랐다.

펠릭스 미첼이 사망한 이후, 이 거리의 폭력 사태가 날로 심각해졌다. 점점 더 수익성이 높아지는 크랙 코카인 거래와 식스티나인 빌의 영역을 차지하고자 나머지 갱단들이 한바탕 전쟁을 벌이고 있었다. 한 해, 또 한 해 지날수록 살인 사건이 꾸준히 증가해 1987년에 114건이던 것이 1992년에는 165건으로 늘어났다. 살해된 시신들은 오클랜드 동쪽과 서쪽에서 집중적으로 발견되었다. 특히 이스트오클랜드는 마약과 피, 총알이 넘쳐 났다.

집에 얌전히 머물기에는 너무 조숙한 삶을 살고 있던 카프리스는 의붓자매의 집으로 이사했다. 이 집안의 소녀들이 도맡은 허드렛일 중 하나는 총을 닦는 것이었다. 남자애들이 집에 들르면 카프리스와 의붓자매는 솔과 막대, 천이 놓인 테이블 앞에 앉아 능숙하게 총을 분해하고 총신을 돌리고 그립을 반짝반짝하게 닦아 놓았다. 어쩌다 이 집에 방문한 사람이 신중하게 느릿느릿 움직이지 않으면 곧바로 '이 소녀들과 어울릴 생각을 하지 말 것'이라는 메시지를 받고는 했다.

릴 제리는 맨 앞자리 철자만 다른 자동차 이름을 따서 여자친구를 '카프리스 클래식'이라고 부르고는 했다.(실제로 그 자신도 카프리스 클래식을 한 대 가지고 있었다.) 카프리스는 짐 벨루시가 주연

한 영화 〈프린서펄〉에 단역으로 출연한 적이 있는데, 때문에 '영화배우'로 불리기도 했다. 그녀는 모두를 알았고, 모두가 그녀에 대해 이렇게 알고 있었다. 릴 제리 쿠퍼의 예쁘고 '지나치게' 똑똑한 여자친구. "열여덟이나 열아홉 살이었을 무렵, 제 자신이 '이스트오클랜드의 공주' 같다고 생각했어요. 식스티나인빌 갱단이 모든 걸 장악하다시피 했거든요. 사람들이 가장 두려워하는 존재였지요." 카프리스는 말했다.

그 무렵 카프리스의 오빠는 애틀랜타에 있는 대학교에 진학했다. 정작 그녀는 학업에 전혀 관심이 없었다. 단기대학에 가 볼까도 생각했지만, 학자금 보조 용도로 받은 수표를 현금으로 바꾸어 써버렸다. 오빠가 클라크애틀랜타 대학교의 입학원서를 가져다주었지만 카프리스가 버렸다. 고작 대학교에 가려고 '이스트오클랜드의 공주'라는 지위를 포기할 수는 없는 일이었다.

그런데 합격 통지서가 이메일로 도착했다. 오빠가 카프리스를 대신해 입학원서를 써낸 것이었다.

"네가 잘못했네." 그간의 사정을 말하자 릴 제리가 보인 첫 반응이었다.

하지만 카프리스에게는 다른 계획이 있었다. 그녀는 아기를 갖고 싶었다. 제리와 함께 예쁜 아이들을 낳아 기르고 싶었다.

"아기를 어떻게 키울 건데?" 릴 제리가 물었다.

"복지 수당을 받지, 뭐." 카프리스가 어깨를 으쓱하며 대답했다. 그녀가 아는 다른 여자아이들도 모두 그렇게 했다.

"너 이제 보니 정말 바보구나." 릴 제리가 말했다. "앞일이 어떻게 될지 알아? 나는 언젠가 그들 손에 죽게 될 거야. 그리고 나는 이 동네에서 아비도 없는 아기를 만들고 싶지 않아. 네가 아비 없는 아이를 키우는 게 싫고 우리 아이가 아빠 없이 크는 것도 바라지 않아. 이 거리엔 이미 아비 없는 애들이 넘치도록 많아. 너는 그런 아이들을 받아 줄 수 있잖아. 우리 아이들이라고 생각해. 그 애들이 정신을 못 차리고 통제 불능이 될 때 걔들을 도와줘. 그 애들은 도움이 필요할 테니."

그 뒤로 릴 제리는 카프리스와 자는 걸 거부했다. "그 애는 저를 얼음장처럼 차갑게 대했어요. '다른 사람하고도 어울리지 마. 다른 놈하고 어울렸다간 모두 죽여 버릴 거야. 너를 먼저.' 이런 식이었어요." 카프리스가 말했다.

그녀는 별도리 없이 대학에 진학했고 교육학을 전공했다. 육상 선수로 뛰었고 선수 장학금을 받았다. 교육대 학장이 수여하는 '올해의 교생상'을 받았다. 짬을 내어 집에 돌아왔을 때, 그사이 릴 제리가 세 번이나 총에 맞았다는 사실을 친구에게 전해 들었다. 정작 당사자인 릴 제리는 저간의 사정을 그녀에게 알리고 싶지 않아 아무 말도 하지 않았다. 하지만 릴 제리의 손을 잡으면 피부 아래에 박힌 총알이 느껴졌다

그즈음 릴 제리는 폭력과 위험, 경계심으로 얼룩진 깡패 생활에 지칠 대로 지쳐 있었다. "이 미친 짓을 멈춰야 해. 그냥 바로 멈춰야 해."라고 말하곤 했다. 술을 많이 마셨고 마리화나를 지나치게 많이

피웠다. 육체노동자처럼 옷을 입기 시작했다. UPS 배달원이나 홈디포 직원이 입는 재킷을 입거나 창고 노동자처럼 허리 보호대를 두르고 다녔다. 릴 제리는 어느새 스물네 살이었고, 그가 사는 세계에서는 사실상 한물간 노인네였다.

어느 날 릴 제리는 우연히 집에서 몇 블록 떨어진 89번가에 사는 한 할머니와 대화를 나눴다. 할머니는 동네에서 마약을 사고팔기 때문에 문밖을 나서기 싫다고 했다. 하지만 앞뜰에 꽃을 가꿀 수 있으면 좋겠다고 말했다. 릴 제리가 화초를 몇 가지 사 와서 할머니네 뜰에 직접 심어 주었다. 그리고 옆집으로 마약을 사러 지나다니는 사람들이 함부로 짓밟지 않도록 뜰을 감싸는 나지막한 울타리를 둘러 주었다. 가게 가는 길에 할머니 집을 지나칠 때마다 릴 제리는 그곳을 유심히 살폈다. 그러다가 어떤 사람이 마약을 사기 위해 할머니네 앞뜰을 가로지르는 걸 보고 그에게 주의를 주었다.

"이봐요, 저기 울타리가 있는 게 안 보여?" 릴 제리가 물었다. "도대체 왜 화단을 가로질러 가는 거요? 돌아서 가요. 할머니가 가꾸는 꽃밭이라고."

"난 망할 꽃 따위는 관심 없어." 남자가 대꾸했다. 그는 릴 제리가 누구인지 몰랐다. 그저 빵빵한 외투를 걸친 어떤 남자로만 생각했다.

"도대체 왜 그래요? 그냥 할머니의 꽃을 조금만 존중해 달라고요."

릴 제리의 응수는 이제 도전으로 받아들여졌다. "망할 놈의 꽃들! 내가 다시 와서 다 쏴 버릴 거야!"

그리고 진짜 그렇게 했다. 어쩌면 그 남자가 아닌 다른 사람이었을 수도 있다. 아무튼 몇 시간 지나지 않아 릴 제리는 총에 맞고 인도에 쓰러진 채 발견되었다. 카프리스는 단 몇 분 차이로 그 자리에 없었다. 저녁으로 무언가 만들어 먹자고 릴 제리에게 이야기했더랬다. 그는 좋은 생각이라고 말했고 카프리스는 그의 몫을 남겨 두겠다고 약속했던 터였다.

그 사건 이후 두 가지 생각이 카프리스의 뇌리를 떠나지 않았다. 하나는 얼마나 깔끔한 총격이었나 하는 것이었다. 사방에 피가 흥건한 사건 현장이 아니었다. 인도에는 얼룩 한 점 남지 않았다.

다른 하나는 어떻게 총격 장면을 직접 본 목격자가 그 거리에 한 사람도 없느냐 하는 것이었다. 사람들이 참견하고 싶지 않을 때 으레 그렇듯 보고도 못 본 척한다는 의미가 아니었다. 그보다는 영화 〈맨 인 블랙〉에서처럼 구경꾼들의 기억이 한순간에 지워진 것과 비슷했다.

릴 제리가 원했던 방식이라는 생각도 들었다. "아무도 보복하지 않기를 바랍니다."라고 말하는 릴 제리를 상상할 수 있었다. "그냥 떠나고 싶어요. 전 이미 마음의 준비를 마쳤어요."

이스트오클랜드에서 발생한 다른 많은 살인 사건처럼 이 사건도 영구 미제로 기록되었다.

"그 일을 계기로 저는 진정으로 성장할 수 있었어요. 인생에 대해 많은 걸 배웠지요." 릴 제리가 살해당하고 20년쯤 지난 어느 날

카프리스가 말했다. "매 순간을 감사하게 여깁니다. 그리고 다른 사람을 돕기 위해 할 수 있는 최선을 다하죠."

그 일이 일어난 지 채 1년이 지나기 전에 카프리스는 이스트오클랜드의 한 초등학교에 부임하면서 첫 직장을 얻었다. 그리고 수업 시간에 쫓겨난 아이들 같은 말썽꾼들을 연달아 맡게 되었다. 카프리스는 이런 아이들에 대해 훤했고 어떻게 해야 마음을 얻을 수 있는지도 잘 알았다. 그리고 릴 제리의 바람대로 그 아이들을 제 자식처럼 여겼다.

최고의 엄마

오클랜드 고등학교에서 매일 등교에 어려움을 겪고 있는 아이들에게 카프리스는 '엄마선생님'이 되어 주었다. 아이들에게 절실하게 필요한 존재였다. 셰리처럼 카프리스를 실제로 '엄마'라고 부르는 아이들도 있었다. 아이들은 성적표나 사진, 그림 같은 것을 가져와 벽에 걸어 달라고 조르기도 하고 말썽을 부렸을 때는 사과 편지를 쓰기도 했다. 자그마한 카프리스의 사무실 벽은 아이들의 편지와 메시지로 도배되었다.

"당신의 아들 오스카로부터, 사랑해요 ♥ 엄마"라고 쓴 것도 있다.

"엄마 죄송해요. 그 애 때문에 제가 정신 줄을 놓았어요." 이건 친구와 다퉈서 정학을 맞은 한 여학생이 보낸 편지였다.

카프리스는 가족이 된 아이들에게 다투는 와중이라도 서로를 돌봐야 한다고 가르쳤다. 카프리스의 자녀가 되기를 바라는 학생이라면 엄마뿐 아니라 형제자매가 덩달아 생긴다는 현실을 받아들여야 했다.

"우리는 가족과 같아. 이 애는 네 여동생이야. 얘는 네 형이고.

적어도 이 문제에 관한 한 너는 발언권이 없어." 사무실 벽에는 '카프리스 가족'의 가훈이 쓰여 있었다. "어떤 장애물도 네가 세운 목표보다는 중요하지 않다."

목표는 수업에 들어가고 성적을 올리고 졸업하는 것, 감옥에 가지 않고 살아남는 것.

카프리스의 사무실은 리처드에게 일종의 안전지대 같았다. 옷방 크기의 자그마한 사무실은 행정실로 이어지는 복도에 어중간하게 끼어 있었지만, 소파가 하나 있어서 아이들이 잠시 앉아 수다를 떨거나 한숨 돌리고, 함께 모이거나 쉬다 갈 수 있었다. 리처드는 쉬는 시간에 교실을 이동하면서 마치 야구 경기에서 주자가 베이스를 밟듯이 그곳을 들렀다 가고는 했다.

"리처드는 선생님의 사무실에서 나가지 않으려고 했어요. 그 애는 선생님을 정말 좋아했거든요." 셰리가 말했다. 셰리도 이미 카프리스의 아들딸 중 하나였다. 1년 전쯤에 보호관찰 기간을 무사히 마칠 수 있도록 도움을 받은 뒤로는 어떤 사건도 일으키지 않았다. 얼마 지나지 않아 리처드는 자신도 엄마라고 불러도 되는지 물어보았지만, 카프리스는 허락하지 않았다. 리처드에게는 이미 관계가 끈끈한 엄마가 있으므로 그 자리를 차지할 생각은 없다고 했다.

"하지만 네 이모가 되어 줄게."라고 리처드에게 말했다.

천 번의 바람과 만 번의 기도

검사를 받으러 할머니와 함께 처음 병원을 찾았을 때, 리처드의 엄마 재스민은 이미 임신 4개월 반이었다. 열네 살이었고, 두 살 많은 남자아이와 사귀고 있었다. 재스민의 임신을 처음 알아차린 것도 그 남자아이였다. 재스민은 너무 어려서 자신의 몸에 일어난 변화를 충분히 이해하지 못했다. 낙태하기엔 너무 늦기도 했지만, 재스민은 스스로 아기를 키울 준비가 되었다고 믿었다. 조카아이들 돌보는 걸 좋아했기에 '아기 키우는 일이 뭐 대수겠어?'라고 쉽게 생각했다.

"아기를 입히고 옷을 사 주면 다 되는 줄 알았어요." 재스민은 당시를 회상하며 말했다.

재스민이 열다섯 살 생일을 맞이하기 직전 여름에 아기가 태어났고, 정확히 11개월 후 리처드의 아빠와 헤어졌다. 그렇지만 수년 동안 리처드는 아빠를 만났다. 마약과 관련된 범죄 혐의로 교도소를 들락날락했던 시기를 빼면 되도록 자주 만났다. 리처드가 다섯 살 때 재스민은 데릭이라는 새로운 남자와 사귀기 시작했다. 엄마와

96

아빠가 언젠가 재결합할 거라는 희망을 버리지 않았던 리처드는 화가 났다. "당신은 제 아빠가 아니에요."라고 데릭에게 쏘아붙였다.

엄마 되기란 예상보다 훨씬 힘들었지만, 재스민은 좋은 엄마가 되려고 온갖 고생을 감수했다. 그나마 리처드의 타고난 기질 덕분에 엄마로서의 수고가 덜했다. 리처드는 천성이 명랑한 아이였다. 언제나 춤추고 노래했고 장난기 많고 웃기길 좋아했다. 재스민은 매주 일요일마다 리처드를 데리고 교회에 갔다. 기도문을 암송하고 식사 전에는 기도를 하도록 가르쳤다. 여성이나 노인이 지나갈 때는 문을 잡아 주라고 시켰고, 예의를 지키고 집안일을 도우라고 했다. 재스민이 다잡는 스타일이라는 건 리처드의 친구들도 알 정도였다. 무례한 태도와 말대꾸는 결코 허용되지 않았다.

재스민에게는 줄리엣과 서배너라는 자매가 있었는데, 저마다 슬하에 자녀를 두었다. 세 자매는 젊고 아름다웠다. 넓은 이마, 아몬드 모양의 커다란 눈, 큐피드의 활처럼 도톰한 입술. 세 자매가 함께 모일 때면 항상 왁자지껄한 웃음소리로 가득 차곤 했다. 아이들은 대가족의 따스함을 만끽하며 이모의 집을 편하게 왕래하며 지냈다.

그런데 리처드가 아홉 살이 되던 해인 2006년 12월 30일, 모든 상황이 바뀌었다. 이날 샌프란시스코에서 주차된 차량 한 대가 총알받이가 되고 차 안에 있던 세 사람이 사망하는 사건이 일어났다. 그중 한 명이 서배너였다. 서배너는 네 살배기와 열한 살배기 두 딸을 남기고 세상을 떠났다. 두 소녀는 리처드와 재스민, 데릭이 살고 있는 집에서 함께 살게 되었다. 재스민은 조카들을 딸처럼 대했는데 그건 모두에게 버거운 일이었다. 두 소녀는 엄마를 잃었고, 재스민은 자매를 잃었다. 그리고 엄마의 세계에서 중심을 차지했던 아홉 살 소년 리처드는 눈 깜짝할 새 정신적으로 충격을 받은 여러 가족 구성원 중 하나로 밀려났다. 그 간극은 너무 컸다.

"엄마가 요즘은 나한테 관심이 없어요."라고 리처드가 말했다.

재스민은 상황을 설명해 보려고 애썼다. "난 자매를 잃은 기분을 알아. 넌 이모를 잃은 조카의 기분을 알 테고. 하지만 그 애들은 **엄마**를 잃은 거야. 이제부터 내가 사랑을 나누어 주어야 해. 알겠니? 공평하게."

2년 뒤, 재스민과 데릭 사이에서 아기가 태어났다. 데릭과 재스민, 리처드, 갓 태어난 데리언, 그리고 서배너가 남긴 두 자매까지, 이제 식구가 여섯으로 늘었다. 이스트오클랜드의 엘름허스트 외곽에 방 네 개짜리, 외벽에 스투코를 칠한 목조 단층집을 얻어 이사했다. 생기 없는 분홍색 새집의 앞마당에는 장미 넝쿨이 있었다. 거친 동네이기는 했지만 거리는 조용했다.

재스민은 학교를 마치지 못한 것이 못내 아쉬웠다. 하지만 각종 고지서 요금을 지불하고 아이들을 돌보는 한편, 유리가 깔린 테이블 위에 얼룩 하나 없이, 구석구석 먼지 한 톨 없이 자신이 원하는 대로 쓸고 닦고 정리하는 일만으로도 정신없이 바빴다. 리처드가 고등학교 3학년이 되었을 때, 재스민은 어느 주거형 요양 시설의 조리실에서 일하고 있었다. 그녀는 리처드가 좀 더 나은 삶을 살기를 원했다. "이 일로는 돈을 많이 벌지 못해요." 재스민은 말했다.

"전 리처드가 대학에 진학해서 자기 경력을 쌓기를 원했어요." 저축을 많이는 못 했지만, 리처드가 커뮤니티 칼리지*에라도 일단 입학한다면 나중에 주립 대학교로 편입할 수 있으리라고 기대했다.

이 정도만 해도 재스민이 살고 있는 동네에서는 상당히 거창한 꿈이었다. 오클랜드 지역의 여러 고등학교에 해마다 대략 600명의 아프리카계 미국인 소년들이 입학하지만 졸업에 성공하는 아이들은 약 300명에 불과하다. 그중 캘리포니아 내 2년제 또는 4년제 주립 대학을 노려 볼 만한 조건을 갖추고 졸업하는 학생 수는 100명이 채 안 된다.

반면에 경찰 순찰차의 뒷좌석에 앉게 될 확률은 이보다 훨씬 높았다. 오클랜드시의 미성년 인구 중 아프리카계 미국인 소년들이 차지하는 비중은 30퍼센트에 불과하지만, 체포된 전체 청소년 중에서는 75퍼센트를 차지한다.

재스민은 리처드를 걱정했다. 기도하고 또 기도했다. 이 아이가 고등학교를 무사히 졸업하기를. 자신처럼 너무 이른 나이에 부모가 되지 않기를. 총과 범죄, 갱, 경찰처럼 오클랜드의 젊은 흑인 남자들이 가는 길 앞에 도사린 갖가지 위험으로부터 무탈하기를. 문제에 휘말리지 않기를. 끝내 살아남기를.

---

* **커뮤니티 칼리지** 미국 지역사회의 지원을 통해 더 많은 사람이 저렴하게 고등교육을 받을 수 있게 만든 단기대학 수준의 교육기관.

그 애가 떠나온 그곳

리처드도 다른 아이들처럼 벽에 붙여 달라며 성적표를 카프리스에게 가져왔다. 성적이 썩 좋지는 않았지만 그건 중요치 않았다. 다음 시험에서 D를 받는다면 F를 받는 것보다 좋은 일이었다. "그다음엔 C를 받을 거야."라고 카프리스가 말해 주었다. "곧 B를 받고, 언젠가는 올 A를 받는 날이 올 테지."

두 사람만 남게 될 때면 리처드는 자신이 어떻게 생활하고 있는지 카프리스에게 털어놓았다. 지난 일을 되새기며 지금이라면 어떻게 다르게 행동했을지 의논하고는 했다. 때로는 자신이 겪고 있는 곤란한 상황에 대해서 이야기하고 조언을 구하기도 했다. 하지만 아쉽게도 두 사람만 오붓하게 남아 있는 시간은 거의 없었다. 카프리스에게는 보살펴야 할 아이들이 너무 많았다. 좁은 사무실 안에 다른 아이들과 함께 있을 때면 리처드는 가만히 앉아서 이야기를 듣는 편이었다.

"그 애는 드러내지 않고 조용히 다른 아이들을 관찰하면서 모든 상황을 주시하고 있었어요. 학생들이 이곳을 찾아오면 그 아이는 어린 상담사처럼 도와주곤 했지요. 리처드는 아이들이 어떤 어려움이든 이겨 낼 수 있게 도우려고 했어요." 카프리스가 말했다.

리처드는 사람들이 행복하기를 바랐다. 누구나 다 아는 그 아이의 성품이었다. 리처드는 항상 실없는 우스갯소리를 하거나 장난을 쳤다. 카프리스의 사무실 문에는 장난감 농구대가 달려 있었다. 면담차 방문한 학부모가 데려온 어린 동생들이 시간을 보낼 수 있도록 준비해 둔 것이었다. 큰 아이들이 사용하기 시작하면 통제가 어렵기 때문에 보통은 농구대를 접어서 핀으로 고정해 놓고 학생들은 사용하지 못하도록 했다. 리처드는 종이를 공처럼 뭉쳐서 몰래 농구대를 향해 던진 다음 "선생님, 저 새 보셨어요?" 하고 너스레를 떨며 묻고는 했다.

방 안 분위기가 싸해지면 리처드는 벌떡 일어나 얼간이처럼 바지춤을 당겨 올려 입고는 사람들이 킥킥거리게 만들었다.

"세상이 점점 미쳐 가는 것 같아요. 저는 사람들을 웃게 만드는 게 좋아요." 리처드는 카프리스에게 말했다.

사람들이 아는 리처드는 그랬다. 웃기는 아이, 다른 사람들을 웃게 만드는 아이. 자는 사람의 얼굴에 케첩을 바르거나 깨어나기를 기다리며 몰래 숨어 있다가 물 풍선을 터뜨리는 장난꾸러기였다. 남을 웃길 수 있는 일이라면 뭐든지 했다. 사촌 여동생의 야한 배꼽 티를 입거나 브래지어와 가발을 착용하고 욕실 거울 너머로 야릇한 표정을 짓는 사진을 찍어 인스타그램에 "할로윈을 맞아 야한 여자로 변장"이라는 설명과 함께 올렸다.

그해 가을, 재스민은 디즈니랜드로 가족 여행을 다녀올 계획을 세웠었다.

"넌 다 컸으니까 시시할 수도 있어." 재스민이 리처드를 보며 말했다.

그렇지 않을 거라면서 "전 다섯 살짜리처럼 놀 수 있어요."라고 리처드가 대답했다.

후에 사촌인 제럴드가 적절하게 지적했듯이, 리처드는 청소년기의 1년을 까먹은 터였다. 리처드는 한동안 떠나 있다가 이제 막 집으로 돌아왔다. "거기서는 즐거운 시간을 보내진 못했어요. 아마도 그 아이는 1년 전 그 자리에 멈춰 있었던 것 같아요."

그 일이 있기 전에는

옛 친구들을 떠올릴 때면 셰리의 두 눈에 눈물이 차올랐다. "우리가 천사 같은 아이들이었다고는 말 안 해요. 공부를 잘했던 것도 아니고요. 하지만 우리 모두는 마음만은 착한 애들이었어요. 우리는 서로를 돌보고 편들어 주었어요. 그게 우리가 아는 전부였죠."

셰리는 고등학교 신입생이었던 시절, 모든 상황이 걷잡을 수 없이 나빠지기 직전이었던 2012년에 대해서 얘기하고 있었다. 그 무렵 아이들은 매일 학교 수업을 빼먹고 프루트베일가와 맥아더대로가 만나는 교차로 방향으로 놀러 가고는 했다. 오후가 되면 이 동네 저 동네 아이들이 모여들어 수다를 떨거나 이성에게 작업을 걸거나 주사위 내기를 하거나, 그것도 아니면 싸움박질을 벌이는 그런 곳이었다.

리처드 무리는 자신들을 '하트브레이크 키즈'라고 부르며 패 지어 돌아다녔다. 갱은 아니지만 들쭉날쭉하게 적은 이니셜(HBK)을 쓰며 갱인 양 놀았다. 아이들은 볼링을 치러 다녔다. 어느 날은 해변에 가기도 했다. 버스를 타고 온 시내를 돌아다니다가 자신들과는 상관없는 고등학교 앞에서 내리기도 했다. 복도에서 어슬렁거리는 다른 아이들과 만나기 위해서였다. 동쪽 동네 사람들과는 모두 아는 사이이기도 했지만 HBK 친구들은 서로를 가장 사랑하고 아꼈다. 어려서부터 함께 자랐고, 이제 다 같이 고등학생이 되어서는 건방과 허세로 가득했다. 스키트와 애슐리가 열여섯 살로 가장 나이가 많았고 제시는 열다섯 살이었다. 셰리와 해다리, 데이, 그리고 리처드가 열네 살. 리처드는 또래보다 더 어려 보였다.

"스키트는 리처드를 보살피는 편이었어요. 그 애를 동생처럼 여겼지요. 제일 어리기도 하고요, 리처드하고 해다리 말이에요. 해다리는 대범하고 다른 사람에게 별로 상처받지 않는 성격이었어요. 하지만 리처드는…… 모두가 보면 알지만, 리처드는 지독한 말썽쟁이에다 짓궂어요. 멍청한 짓을 저지르고는 했어요. 상상도 못 한 미친 짓도요."

그 무렵만 해도 아이들에게는 저마다 앞으로 살아갈 자기만의 삶이 있었다. 또는 그렇다고 생각했다. 일이 이렇게 흘러가리라고는 짐작도 못 했기에 친구들 이야기를 하는 셰리의 두 뺨을 타고 속절없이 눈물이 흘렀다. 아이들의 삶이 이렇게 되리라고는 꿈에도 생각한 적이 없었다.

그때는 어땠기에?

당시 아이들은 저마다 예뻤고, 어렸고, 서로를 의지했다. 어울리는 시간이 재미있었다. 정말 그랬다. 그 무렵에는 함께한다는 게 그렇게도 재미있었다.

그저 두 번의 다툼

그날 아이들은 해변에 가려고 했다. 그렇게 따뜻한 날씨는 아니었다. 20도 조금 넘는 정도. 하지만 심심했다. 리처드, 셰리, 데이, 스키트, 해다리, 제시, 애슐리까지 패거리가 모두 해변으로 가는 버스에 올랐다. 2012년 4월의 어느 날이었다. 셰리가 기억하는 대로 재구성한 이야기는 이렇다. 아이들이 버스를 갈아타려고 프루트베일 정류장에서 내렸는데 애슐리가 마침 한눈을 팔다 뒤처졌다.

"애슐리! 빨리 와! 애슐리! 버스 놓치겠다!"

나중에 안 사실이지만, 버스 안에는 애슐리라는 이름의 소녀가 한 명 더 있었다. 그 소녀와 친구도 리처드 일행의 뒤를 이어 버스에서 내렸다.

"왜 우리를 따라오는 거니? 원하는 게 뭐야?" 애슐리가 물었다.

그 무렵 아이들은 곧잘 그랬다. 말다툼이 일어났다.

그렇게 애슐리와 또 다른 애슐리 사이에 말다툼이 시작됐고, 데이는 다른 애슐리의 친구와 다퉜다.

"그만 좀 해. 쟤들은 시비를 걸려는 게 아니야." 셰리가 외쳤다.

셰리가 보기에 쓸모없는 싸움, 어리석은 다툼이었다. 그 애들도 해변으로 가려던 것뿐이었다.

셰리의 설명에 따르면 그때, 애슐리가 다른 애슐리를 쳤다. 진짜 싸움이 시작된 것이다. 아이들을 떼어 놓으려다 한 대 맞은 셰리도 주먹을 날렸다. 이번에는 리처드가 말려 보려 나섰는데 그 애도 맞았다. 격투가 벌어진 와중에 다른 애슐리의 가방에서 무엇인가가 떨어졌다. 인슐린과 주사기 몇 개. 리처드는 그것을 주워서 다른 애슐리에게 돌려줬는데, 그 아이가 받아서는 리처드에게 도로 던져 버렸다. 아이들은 냅다 달아났다. 뛰어서 숨이 가쁜데 웃음이 터져 나왔다.

"와, 진짜 까칠하네!"

"그 주사기들은 다 뭐야?

"아마 당뇨병을 앓고 있나 봐."

"난 돌려주려고 했는데, 참 나."

셰리가 기억하기로 걷다 보니 어떤 공원에 다다랐다. 다듬지 않은 잔디밭, 축구장, 테니스 코트가 있었다. 라틴계 아이들 몇 명이 스케이트보드를 타며 놀고 있었다. 어쩌다 싸우기 시작했는지는 셰리도 모르지만, 어쨌든 남자애들이 스케이드보드 무리와 또다시 싸움이 붙었다. 누군가가 다른 누군가에게 욕을 했고, 스키트와 해다리가 먼저 싸움에 뛰어들었다. 이어 리처드까지 합세했다. 리처드는 원래 그런 애였다. 친구들이 싸울 때는 몸을 사리는 법이 없었다. 스키트가 스케이트보드를 들더니 한 아이를 내리쳤다.

"몹시 끔찍한 짓이었어요." 셰리가 말했다.

그런 다음 일행은 해변으로 갔다. 모래사장을 뛰어다니며 놀다가 그날 일어난 일에 대해서 수다도 떨었다. 신나게 놀았다. 아드레날린이 솟구쳤다. 왁자지껄 웃음이 터져 나왔다. 피도 좀 봤다.

집으로 돌아오는 길에 버스를 타고 프루트베일을 지날 때였다. 차창 너머로 '다른 애슐리' 일행과 공원에서 만난 스케이트보드 무리가 보였다. "어, 쟤들 좀 봐! 경찰하고 얘기하고 있어!"

그러더니 순찰차가 버스 뒤로 다가와 멈췄다.

체포

"우리는 너무 어렸어요. 그딴 일로 감옥에 갈 수도 있다고는 상상도 못 했어요. 싸움이 일어났지만 감옥은 정말 꿈에도 생각 안 했어요." 셰리가 말했다.

하지만 법이 보는 관점은 달랐다. 경찰이 리처드와 셰리, 데이, 스키트, 해다리, 애슐리를 체포했다. 제시는 버스에서 먼저 내렸기에 빠져나갈 수 있었다. 아이들은 집에 보내 주기를 기다리고 또 기다렸지만 경찰은 놓아주지 않았다.

소년 전과 기록은 비공개가 원칙이기에, 그날 일어난 사건을 정확하게 재구성하기란 불가능하다. 다만, 스케이트보드를 탔던 아이들이 핸드폰 하나를 포함해 자신들의 물건 몇 가지가 없어졌다고 진술한 것으로 추정된다. 없어진 물건이 리처드와 친구들한테서 발견된 것도 아닌데 아이들은 기소되었다. 그날 자정이 지나 아이들은 소년원*에 입소했다. 여러 개의 방에 뿔뿔이 흩어진 채로. 함께 체포된 아이들은 규정에 따라 같은 공간에 머물 수 없었다. 그래야 서로 말을 맞출 수 없기도 하고 더 이상 문제를 일으키지 못하도록

108

단속할 수 있기 때문이었다.

재판 전 구속 심사를 위해 법정에 처음 출두하던 날, 리처드는 친구들을 다시 만난다는 생각에 들떴다. 법정 출두가 끝나면 모두 집으로 돌아갈 거라고 굳게 믿었다. 하지만 일은 그렇게 진행되지 않았다. 소년범에게는 보석 제도가 적용되지 않기에 아이들을 집으로 돌려보낼지, 아니면 계속 구금할지는 판사의 재량에 달려 있다. 폭력이 수반된 혐의의 경우 대개 구금하는 쪽으로 판결이 내려진다. 해다리는 이런 사정을 이미 알고 있었다. 일행 중 유일하게 이 사건 이전에도 체포된 적이 있기 때문이었다. 해다리는 말했다. "우리를 감옥에서 내보내 주지 않을 거야. 꿈도 꾸지 마."

그 애 말이 맞았다. 셰리는 친구들이 한동안 구금되었다가 이후 한 명씩 각자의 길을 가게 되었다며 지난 일을 회상했다. 셰리는 보호관찰 처분을 받았고 발목에 위치 추적용 전자장치를 차야 했다. 스키트와 해다리는 감호 위탁 처분을 선고받고 그룹홈으로 보내졌다. 가족에게 돌아가려면 이곳에서 공식적인 치료 프로그램을 이수해야 했다. 리처드는 처음에는 추적 장치를 달고 석방되었지만, 최종적으로 오클랜드에서 차로 세 시간 반 거리에 있는 레딩의 그룹홈으로 가라는 선고를 받았다. 리처드는 이듬해 여름까지, 체포된 후 1년이 넘는 기간 동안 그곳에 머물러야 했다.

여섯 명의 아이들은 그 후 다시는 함께하지 못했다. 그날 이후 제대로 돌아가기는커녕 모든 일이 뒤틀렸다.

일진 좋은 날이군

스키트는 외향적인 아이였다. 괴짜에 짓궂은 장난꾸러기였다. 일단 스키트를 한번 만나면 모두가 그를 기억했다. 순발력 넘치는 재치, 활력, 사람을 끌어당기는 매력, 의리. 그리고 잘못 건드렸다간 욱하는 성질. 그 애는 뒤로 공중제비를 돌아 가드레일을 넘을 수 있는 아이였다. 스카이라인 고등학교에 다닐 때는 토론 팀에 들락날락했었다. 모임에 참여할 때도 그렇지 않을 때도 있었지만 빠른 판단력과 눈썰미, 타고난 입담으로 이렇다 할 사전 준비 없이도 토론을 주도했다.

스키트는 캘리포니아주 치노힐스에 있는, 문제 청소년을 위한 거주형 치료 시설인 '보이스 리퍼블릭'으로 보내졌다. 본래 몇 년 형을 선고받았는지 불분명하지만 어쨌든 기간을 채우기 전에 일찌감치 도망쳐 오클랜드로 돌아왔다. 2012년 11월 26일에 세피아 톤으로 보정한 제 사진을 페이스북에 올렸다. 차 안에서 머리를 뒤로 젖힌 채 가늘게 뜬 눈으로 카메라를 내려다보는 모습이었다. 오른손에는 총을 쥐고 있었다.

111

그게 뭐야, 누군가 댓글로 물었다.

38, 스키트가 답했다. 38구경 권총이라는 뜻이었다. 하지만 전부터 가지고 있던 거지.

너 아주 나온 거지?

나 스스로는 그렇지. 그런데 경찰은 흑인들을 잡아 두고 싶어 하잖아.

스키트는 그룹홈에서 도망쳐 오클랜드로 돌아왔다. 권총 사진을 올리기 전날에는 기침용 시럽과 코냑 한 병씩을 앞에 두고 찍은 자기 사진을 올렸다. 시럽과 레미가 있으니 오늘은 일진 좋은 날이군. 그러고는 병째 술을 마시는 자신의 사진을 올렸다. 어른의 음주.

스키트가 올린 마지막 페이스북 게시물이었다.

2013년 1월 7일 오후, 그룹홈에서 도망 나온 지 한 달하고 조금 지난 어느 날 차를 몰고 헤겐버거로와 해밀턴가 근처를 지나가던 스키트는 총을 여러 발 맞았다. 고작 열일곱 살이었다. 용의자로 의심받던 남자는 나흘 후 발생한 폭력 사건에 연루되어 사망했다. 여섯 시간 동안 네 명의 사망자를 남긴 사건이었다.

레딩의 그룹홈에서 스키트의 사망 소식을 전해 들은 리처드는 엄마에게 전화해 사실인지 물었다. 재스민이 사실이라고 확인해 주자 리처드는 울음을 터뜨렸다. 한번 터진 울음은 도무지 멈추질 않았다.

전화도 제대로 끊지 못하고 수화기를 떨군 채 가 버렸다.

만약에

온 세상이 깜깜해졌다.

스키트가 죽었다.

스키트가 죽었다.

스키트가 죽었다.

"그 일로 리처드도 죽은 거나 마찬가지였어요. 우리 모두를 죽인 셈이었죠." 셰리가 말했다.

셰리는 스키트가 왜 살해당해야 하는지, 도무지 그 이유를 찾을 수 없었다. 잘못된 장소에서 잘못된 시간에 잘못된 친구들과 어울렸다는 상투적인 변명을 뺀다면. 스키트는 셰리와 리처드보다 두 살 많았다. 캘리포니아 남부의 그룹홈에서 도망쳐 나온 후 스키트는 리처드 무리와는 다른, 훨씬 위험한 친구들하고 어울렸다. "우리가 그 싸움에 휘말리지 않았다면 스키트가 아직 살아 있지 않았을까 하는 생각을 계속하게 돼요." 셰리가 말했다.

장례식이 열렸다. 열린 관 속에 누워 있는 스키트의 시신을 보고 셰리는 거의 기절할 뻔했다. 쓰러지지 않도록 다른 사람들이 부축해 주었다.

　최소한 셰리는 혼자가 아니었다. 반면, 세 시간 반 거리의 그룹
홈에 있는 리처드에게는 무너지지 않도록 옆에서 부축해 줄 친구가
아무도 없었다. 스키트를 아는 사람도, 리처드의 슬픔을 이해하는
사람도, 아무도 없었다.

살해

2012년 기준으로 오클랜드는 캘리포니아주에서 가장 위험한 도시 중 하나였다. 오클랜드 경찰국 통계에 따르면 약 2,800건의 폭력 사건과 4,100건이 넘는 강도 사건이 발생했다. 총 131명이 살해당했는데 그중 여덟이 18세 미만 청소년이었다.

러몬트 프라이스. 2012년 2월 16일 살해됨. 17세.
총격으로 인한 사망.

찰스 힐 3세. 2012년 3월 23일 살해됨. 16세.
총격으로 인한 사망.

숀테 대니얼스 주니어. 2012년 4월 21일 살해됨. 15세.
총격으로 인한 사망.

해다리 애스카리. 2012년 7월 10일 살해됨. 15세.

총격으로 인한 사망.

태티언 터너. 2012년 8월 8일 살해됨. 16세.
총격으로 인한 사망.

보비 사르테인. 2012년 11월 25일 살해됨. 16세.
총격으로 인한 사망.

라켈 게르스텔. 2012년 11월 25일 살해됨. 15세.
총격으로 인한 사망.

주브릴 조던. 2012년 12월 30일 살해됨. 15세.
총격으로 인한 사망.

　살해당한 '해다리'는 리처드와 셰리의 친구가 아닌 다른 해다리였지만 찰스 힐은 그들의 친구였다. 그 아이는 68번가에서 열린 파티에 참석했다가 살해당했다. 그날 밤 셰리도 그 파티 장소에 있었지만 총소리에 놀라 겁을 먹고 나와 버렸다. 공기 중에 떠도는 죽음의 그림자를 느낄 수 있었다. 큰길을 향해 걸어가다가 울면서 데이에게 전화를 걸어 부탁했다. "나 좀 데리러 와 줘. 누군가 죽을 것 같아." 데이가 도착했을 즈음에 찰스가 죽었다.
　스키트는 2013년에 오클랜드에서 발생한 최초의 살인 사건 피해자로 기록되었다. 2013년이 끝나기 전 91명이 더 살해당했다. 총에 맞아 사망한 사람 중 일곱이 18세 미만이었고, 이들 중에는 여덟 살 소녀와 16개월 된 영아도 포함되어 있었다.

"해마다 누군가 우리 곁을 떠나고 있어요. '다음은 누구 차례일까?' 이런 생각이 들어요. 나도 언젠가 총을 맞지는 않을까 두려워요. 총알에 이름이 쓰여 있는 것은 아니니까요. 그래서 밖에 나가지 않아요. 상황이 너무 심각해요." 셰리가 말했다.

리처드는 서배너 이모뿐만 아니라 고모인 티시도 뜻밖의 사고로 잃었다. 고모는 2008년 남자친구에게 살해당했다. 그런데 이제 또 친구 둘을 잃은 것이다. 여름날 오후 샌프란시스코만을 엄습한 안개와도 같이 폭력의 그림자가 이 도시 위에 축축하게 드리워 있었다. 햇살이 눈부신 날조차도 안개가 스며들어 와 뼛속까지 서늘하게 얼릴 수 있었다.

노력

리처드는 2학년 내내 레딩의 그룹홈에 머물렀고, 이듬해 여름이 되어서야 오클랜드의 집으로 돌아왔다. 재스민은 리처드가 집에 돌아온 것만으로도 매우 기뻤다. 레딩에 머무는 동안 정기적으로 면회도 가고 전화 통화도 했지만 엄마와 아들 모두에게 힘든 시간이었다. 이제 새로운 시작이었다. 리처드는 오클랜드의 비영리단체인 유니티 카운슬에서 운영하는 직업훈련 프로그램에 등록하여 현장 실습생으로 근무하기 시작했다. 현장 실습 담당자인 조슈 구즈먼은 리처드가 다른 어린 참가자들 사이에서 두드러진다고 생각했다. 영리한 편인 리처드는 집중력이 좋아 빨리 배웠고, 무엇보다 스스로 즐기는 것 같았다.

리처드는 일을 하는 것이 좋았다. 지각하지 않으려고 신경을 썼고, 성심성의껏 일했다. 난생처음 바른 생활을 이어 나가며 다른 실습생들이 저지른 실수까지 바로잡으려 노력했다. 한번은 구즈먼이 리처드에게 다른 실습생이 미처 끝내지 못한 프로젝트를 도와 달라 부탁한 적이 있었다. 리처드는 하계 현장 실습에 관해 구즈먼이 메

118

모장에 두서없이 적어 놓은 내용을 컴퓨터에 모두 입력한 다음 보기 좋고 체계적인 수업 계획표로 잘 정리하여 돌려주었다. 구즈먼은 감동받았다.

"리처드는 인턴 기간 동안 매우 훌륭하게 자신의 일을 해냈습니다. 리처드는 자신이 원하는 바를 이루기에 충분한 잠재력을 가진 청년이라고 확신합니다."라고 추천장을 써 주었다.

재스민은 그렇게 열심인 리처드를 보며 아들이 부쩍 자랐다고 생각했다. 리처드는 일해서 번 돈을 혼자 쓰지 않고 생활비에 보태라며 엄마에게 주었다. 월급 받는 어른이 된 것 같아서 리처드는 흡족했다.

홀딱 벗기다

3학년이 되고 두 달이 지난 10월 말의 어느 날이었다. 리처드와 사촌 제럴드가 셰리의 오빠를 만나러 셰리네 집으로 가던 길이었다. 마실 것을 사려고 주류 판매점에 들렀다가 가게에서 나오는 길에 리처드가 원래부터 알던 소년을 우연히 만났다.

몇 분 후, 두 정의 총이 리처드의 머리를 겨눴다.

제럴드는 앞서 걷느라 뒤에서 무슨 일이 일어났는지 못 보았다. 순식간에 리처드의 분홍색 나이키 폼포짓 운동화가 사라졌다. 리처드의 낯빛이 벌겋게 변했다. 화가 치밀어 오를 때면 늘 그렇듯.

오클랜드에서는 이것을 '홀딱 벗기기'라고 한다. 그 아이는 리처드의 지갑부터 현금, 핸드폰, 신발, 외투까지 모두 벗겨 갔다. 제럴드는 되돌아가 그런 일을 저지른 아이들을 찾으려 했다. 리처드는 그냥 계속 앞을 보고 걸으라고 말했다.

어떤 경우에도 친구를 잃고 싶지는 않다는 것, 그게 하고픈 말의 전부였다. 어쨌든 적어도 죽지는 않았다. 리처드를 위협한 소년은 사람을 죽였다는 소문이 돌던 아이였다.

120

신뢰의 문제

이 세상에서 누구를 믿어야 할까?
누군가 총을 빼 들었을 때
해가 졌을 때
어둠 사이를 걷고 있을 때
과연

　　　누구를

　　　　　　믿을 수

　　　　　　　　있을까?
사람들은 서로를 친구라고 부르지.
곁에 있어 주겠다고 말하지만

　　　　　　사실은 그러지 못해.
달려오겠다고 말하지만

　　　　　　사실은 나타나지 않아.
네 뒤를 봐주겠다고 말하지만

　　　　　　사실은 칼을 꺼내지.

입안에 혀가 두 개 있어,

하나는 약속할 때

　　　　다른 하나는 거짓말을 할 때 쓰지.

"저한테는 친구가 없어요."라고 리처드가 말했네.

　　　그냥 아는 애들만 있어요.

결심

강도 사건 이후 리처드는 며칠 동안 학교에 가지 않았다. 마침내 학교로 돌아온 날, 리처드는 카프리스 선생님의 사무실에 앉아 자신이 당한 일을 말했다. 생각이 많아 보였고 다소 충격을 받은 것 같았다. 두 정의 총이 자기 머리를 겨누던 내내 침착하려 애썼다고 말했다. 어떻게 하면 상황이 악화되는 것을 막을 수 있을지 궁리하면서, 죽음을 모면할 방법을 찾으면서.

그러고는 카프리스 선생님에게 엄마 재스민의 전화번호를 적어 주었다.

"선생님 성격하고 우리 엄마 성격하고 잘 맞는 것 같아요. 두 분이 친구가 될 수 있을 거예요." 리처드가 말했다.

카프리스가 웃음을 터뜨리며 말했다. "리처드, 학교에서 일하는 내가 네 엄마와 친구가 된다는 건 네가 학교에서 하는 모든 일이 낱낱이 네 엄마 귀에 들어간다는 뜻이야. 내가 네 엄마에게 모두 말하게 될 테니까. 너도 알지?"

"선생님이 그래 주시면 좋겠어요." 리처드가 말했다. "전 이미

사고를 친 전과가 있잖아요. 내가 예전과 달라지려고 얼마나 노력
하고 있는지 선생님이 우리 엄마에게 알려 주셨으면 해요. 전 무사
히 졸업해서 엄마를 기쁘게 해 드리고 싶어요."

3

불

2013년 11월 4일 월요일

리처드가 강도를 당한 지 일주일 정도 지났을 무렵 재스민은 리처드의 방에 와서 이제 학교 갈 준비가 되었는지 물었다.

재스민은 리처드의 학업을 걱정했다. 리처드는 종종 수업을 못 따라가겠다고 말하곤 했다. 재스민은 이제 선생님과 이 문제를 상의해야 한다고 아들에게 조언했다.

"도움을 청해야 해."라고 재스민이 말했다.

그날 오후, 사촌 로이드가 오클랜드 고등학교로 리처드를 찾으러 왔다. 안경을 쓰고 앞니가 벌어진 육중한 체격의 로이드는 장난기 많고 부산스러운 아이였다. 학교의 보안 직원들이 꺼릴 만한 성격이었다. 로이드는 리처드보다 두 살 많았지만 처신이 형답지는 않았다.

"덩치 큰 어린아이 같았어요. 커다랗고 어디로 튈지 모르는 에너지로 가득한 공. 저는 로이드를 볼 때마다 우리 학교에서 나가라고 말했죠." 오클랜드 고등학교의 교내 보안관인 칼리타 콜린스가 말했다.

리처드와 로이드는 늘 붙어 다녔다. 로이드의 엄마가 오클랜드 밖에서 일을 보는 경우가 많아 로이드는 리처드네 집에 자주 놀러 왔다. 리처드는 로이드를 의지했다. "리처드는 언제나 로이드와 함께할 거 같았어요. 한 세트 같았죠. 그 애는 언제나 로이드 뒤를 쫓아다녔지요." 로이드의 형제인 제럴드가 말했다.

그날 오후 로이드는 리처드가 일찌감치 수업을 빼먹고 나왔으면 했지만 리처드는 그렇게 하지 않았다. 그래서 리처드가 학교 밖으로 나올 때까지, 로이드는 교문 밖에서 어슬렁거리며 기다렸다.

"이모, 안녕히 계세요." 리처드가 학교를 나서며 콜린스에게 말했다. 두 팔을 벌려 콜린스를 안아 주었다.

"리처드는 아름다운 청년이었어요. 정말이에요. 그 아이가 저를 안아 줄 때면 마음이 사랑으로 차올랐어요." 훗날 칼리타 콜린스가 말했다.

57번 버스

사샤는 메이벡 고등학교까지 매일 버스로 등하교했다. 한 시간가량 걸렸고 많으면 두 번 환승하는 때도 있었지만 사샤는 개의치 않았다. 사샤는 버스 타는 걸 무척 좋아했다. 교차하는 환승 노선들이 표시된 노선도나 건조하게 숫자만 나열된 배차 시간표를 좋아했다. 버스나 지하철, 전차 노선도를 상상해 그리거나 대중교통 수단에 관한 역사책을 읽는 게 취미였다.

"저로서는 이해하기 어려운 방식으로 사샤는 버스에 집착해요. 전 당최 버스를 싫어하거든요. 사샤는 달라요. 그야말로 버스를 **사랑하지요**. 버스 안에서 이것저것 **읽는** 시간을 좋아해요. 집까지 태워 주겠다고 말해도 '아니, 버스를 탈게요.'라며 바로 거절할 거예요." 힐리가 설명했다.

학교를 마치면 사샤는 보통 단짝인 마이클과 함께 칼리지가에 있는 고속철도 바트 역까지 1.5킬로미터 정도 걸어갔다. 길을 걷다 보면 누군가 스프레이로 "먹지 마시오!"라고 써 놓은 맨홀 뚜껑을 지나쳤다.

그때마다 둘 중 하나가 상대에게 말장난을 시작하곤 한다. "이
봐, 저거 먹지 마."

두 사람은 바트 역 앞에서 헤어질 때가 많았다. 마이클은 바트를
타고 사샤는 버스를 탔다. 두 사람이 역에 도착했을 때 이미 열차가
도착해 플랫폼에 정차 중인 경우도 있었다.

"이봐, 멋쟁이 씨, 난 저걸 탈 거야." 마이클은 늘 이렇게 말했다.
아무리 빨리 계단을 뛰어 올라가도 플랫폼에 정차해 있는 열차를
타는 게 불가능하단 걸 잘 알면서도 웃자고 하는 말이었다. 실없는
농담이었지만 그래도 웃겼다. 게다가 두 친구는 '멋쟁이' 스타일과
는 거리가 멀었다.

마이클과 헤어진 사샤는 길을 건너 집 방향으로 가는 두 대의
버스 중 먼저 도착하는 버스를 타곤 했다. 57번 버스는 두 번째 버
스였다. 오후 시간대에는 열 군데가 넘는 인근의 초등학교, 중학교,
고등학교 학생들로 버스 안이 으레 붐볐다. 스포츠 경기라도 열린
날에는 라이벌 고등학교의 학생들이 주거니 받거니 하며 상대 팀
을 놀려 댔다. 소란하고 짜증스럽고 어수선했다. 학교에서 이제 막
해방된 아이들은 지치고 예민하기 마련이었다. 어른들은 창밖을 보
거나 핸드폰에 빠져 있었다. 승객들은 서로 눈도 마주치려 하지 않
았다. 누구 하나 걸리기만 해 보라는 분위기가 버스 안에 팽배했다.
더웠다. 땀으로 축축한 사춘기 소년 소녀 들의 몸에서는 사향 냄새
가 났다.

버스에 오를 때 가장 먼저 마주하는 문제는 '어디에 앉을 것인

가?'였다. 운전석과 가까운 앞쪽에? 아수라장 같은 버스 안의 분위기가 신경 쓰인다면 그 편이 안전했다. 여학생들이 주로 선호하는 자리였다. 뒤쪽에? 남의 눈에 띄지 않게? 뒤편에서는 보다 편한 자세로 있을 수 있었다. 좌석에 앉을 확률도 높아진다.

사샤는 버스의 뒤편을 좋아했다. 다리를 벌리고 앉아도 되고 오므리고 앉을 수도 있는 맨 뒷자리. 거기서 사샤는 책을 읽기도 하고 숙제도 하고 졸기도 했다. 버스를 많이 타서 훈련이 잘된 덕분에 내려야 할 정류장에 도착하기에 앞서 버스가 날카로운 S자를 그리며 돌 즈음이면 반짝 잠에서 깼다. 11월 4일, 그날은 유난히 피곤한 날이었다. 러시아문학 과제로 리포트를 쓰느라 전날 밤늦게까지 못 잤기 때문이다. 텀블러에 다음과 같이 피로를 호소한 지 만 하루가 채 지나지 않은 시간이었다.

해치워야 할 일이 더럽게 많은데 정말 피곤해서 뜻 모를 눈물이 난 적 있어?

57번 버스가 덜컹이며 맥아더대로에 들어섰을 때 사샤의 두 눈이 스르르 감겼다.

오후 4시 52분

앨러미다와 콘트라코스타 구간을 운행하는 트랜짓 버스 전 차량에는 다양한 각도에서 소리와 화면을 지속적으로 녹화하는 카메라가 장착되어 있다. 57번 버스도 예외가 아니었다. 버스 앞쪽에서 승차해 통로를 따라 뒤쪽으로 걸어가는 로이드와 리처드가 녹화된 시간은 오후 5시 직전이었다. 통통한 로이드는 지퍼가 달린 검은색 후드 티 차림이었고, 다소 수척한 리처드는 흰색 티셔츠 위에 검은색 후드 티를 입고 주황색 챙이 달린 뉴욕닉스 모자를 썼다.

아이들이 탄 버스는 굴절버스였다. 쌍둥이처럼 똑 닮은 두 개의 차체를 아코디언 주름 같은 고무 연결부로 이어 놓았다. 빈 좌석은 거의 없었다. 한 노부인이 버스 운전사에게 길을 묻고 있었다. 분홍색 후드 티를 입은 어린 여자아이 손을 잡은 여성도 있었다. 시끌벅적한 십대 남자아이들의 웃음소리도 녹음되었다.

"안녕하세요?" 버스에 오르면서 단말기에 정기 승차권을 갖다 대는 중년 남성에게 기사가 인사를 건넸다.

"지치는 날이네요." 남자가 고개를 절레절레 저으며 대답했다.

리처드는 버스 뒤편에 앉아 있는 자말이라는 소년을 알아보고는 손바닥을 마주치며 인사했다.

"말리 B!" 로이드도 리처드처럼 똑같이 인사하며 외쳤다.

"어쩐 일이야?" 키가 크고 마른 자말은 청바지에 굵은 검은색 줄무늬가 어깨를 가로지르는 흰색 후드 티 차림이었다. 낮고 두꺼운 자말의 목소리는 희미하게 녹음되었다.

버스가 다시 출발할 때 로이드와 리처드는 자말 앞에서 은색 기둥을 잡고 서 있었다. 그들 뒤로 사샤가 잠들어 있었다. 무릎께에 『안나 카레니나』 문고본이 놓여 있고, 하르르한 흰색 치맛자락이 좌석 가장자리에 늘어져 있었다.

로이드 옆에서 잠자기란 쉬운 일이 아니다. 로이드는 버스가 흔들리는지 보려고 발을 굴러 점프하다가 랩 가수 드레이크의 노래 〈스타티드 프롬 더 보텀〉을 한 소절씩 흥얼거리다가 째지는 목소리로 "친칠라!" "부고 기사!" 하며 아무 말이나 외쳤다. 그러다 버스에 오르면서 보았던 앞쪽의 여자아이를 향해 "이봐! 여자애! 미안!"이라고 외쳤다.

파란색 농구복 반바지를 입은 소녀가 고개를 돌려 그를 쳐다보았다.

"아니, 너 말고. 피부 하얀 애."

그때 자말이 사샤를 가리키며 속삭였다. "이 친구 좀 봐."

로이드가 고개를 틀어 어깨 너머를 돌아다보고는 키득거렸다.

녹화된 영상만으로는 자말이 리처드에게 라이터를 건네며 뭐라고 말했는지 들리지 않는다. 다만 동영상을 찍겠다는 듯이 자신의 핸드폰을 꺼내 사샤를 향해 카메라 초점을 맞추는 듯한 모습을 확인할 수 있다. 뒤에 리처드가 털어놓기로는 애슈턴 커처가 출연했던 MTV의 몰래카메라 프로그램 〈펑크드〉처럼 웃길 거라고 생각했었다고 한다. 리처드의 생각에는 치마가 타면서 연기가 나면 사샤가 깜짝 놀라 잠에서 깨어 손으로 두드려 불을 끌 줄 알았다.

"웃을 일 좀 생겼으면 좋겠다." 버스에 오르자마자 리처드가 말했었다. 이제, 그는 라이터를 로이드에게 보여 준 다음 은색 기둥에 기댄 채로 한 바퀴 돌아 사샤에게 가까이 갔다.

사샤의 치맛자락에 대고 라이터를 켰다. 아무 일도 일어나지 않았다.

로이드는 여전히 버스 앞쪽을 향해 소리 지르고 있었다.

"어이! 거기 피부색 하얀 여자애!"

"피부색 하얀 여자애." 우물 바닥에서 울리는 메아리처럼 깊고 낮은 목소리로 자말이 로이드의 말을 계속 따라 했다.

로이드는 소녀들이 앉아 있는 통로 쪽으로 경중대며 뛰어가더니 근처 좌석의 가장자리에 걸터앉았다.

"계속해, 어서." 자말이 부추겼다. 리처드가 다시 라이터를 켰다. 불꽃이 일지 않았다.

소녀들에게 퇴짜당한 로이드가 일행에게 돌아와 잠이 든 사샤 앞에 멈추더니 엉뚱하게 앵무새 소리를 흉내 내며 외쳤다.

"어이!"

사샤는 움찔했지만 잠에서 깨지는 않았다.

"워, 이봐, 친구. 너 지금 '어이!'라고 했어?" 자말이 다시 한번 로이드의 말을 되뇌었다. "소리 좀 지르지 마!"

로이드가 자말 쪽으로 몸을 기울이며 그의 귀에 대고 비명을 질렀다. 리처드는 웃으며 로이드의 머리를 쳤다.

"아야, 이 자식이! 아주 내 목을 부러뜨리지 그래?" 로이드가 소리 질렀다. "젠장, 망할년, 미친. 염병!"

리처드가 라이터를 휘둘러 로이드의 소매에 불을 붙이는 척하다 자말을 바라보았다.

"어서 해." 자말이 재촉했다.

로이드는 두 사람 사이에서 춤을 추다가 자말의 무릎 위에 반쯤 걸터앉았다.

"야! 일어나! 저리 떨어져." 자말이 투덜거렸다. 그러면서도 계속 리처드를 주시하며 핸드폰으로 가리켰다. "시키는 대로 하는 게 좋을걸." 자말이 다시 말했다.

리처드가 다시 몸을 슬며시 사샤 쪽으로 향하더니 라이터를 켰다. 아무 일도 없었다. 리처드는 자말을 바라보며 싱긋 웃더니 다시 라이터를 켰다. 네 번째 시도였다.

"뒷문 좀 열어 주세요! 뒷문요." 로이드가 버스에서 내리려고 기사를 재촉했다.

버스 문이 열렸다. 리처드가 먼저 버스에서 뛰어내렸다. 로이드가 그를 따라 내리려다 뒤를 돌아보고는 얼어붙었다. 사샤의 치마

에서 불길이 솟아올랐다. 문이 다시 닫힐 때까지 로이드는 꿈쩍도
할 수 없었다.

불

감시 카메라에 녹화된 다음 몇 초 분량은 가만히 지켜보기가 몹시 곤혹스럽다.

사샤가 벌떡 일어나 불이 붙은 치마를 두드리며 외쳤다. "오, 젠장! 오, 맙소사!" 치마는 불꽃이 이는 흰색 불덩어리로 변했다. 보고도 믿기 어려운 광경이었다.

"으악! 악!" 겁에 질린 사샤가 새된 소리로 비명을 질렀다. "저한테 불이 붙었어요! 불이 붙었어요!" 사샤는 두 손으로 치맛자락을 움켜쥔 채 흔들고 털어 보았다. 불이 붙은 치마에서 떨어져 나온 검댕이 공중에 흩날렸다. 사샤는 문을 향해 달렸지만 이미 닫힌 뒤였다. 사샤는 뒤를 돌아보며 제자리에서 춤을 추듯 뜀을 뛰며 비명을 질렀다.

자말은 한바탕 웃음을 터뜨렸다. 그러다 사샤가 그쪽으로 몸을 돌리자 움찔하더니 자리에 앉으며 외쳤다. "저 애한테 불이 붙었어요! 내려 주세요!"

승객들이 비명을 지르고 기침을 하며 문으로 내달렸다. "불이야! 불이야!" 킥킥대며 웃는 아이들도 있었다. 버스는 여전히 움직이고 있었지만 운전기사는 차량 맨 뒤쪽에서 무언가 일이 생겼음을 알아채기 시작했다.

"너희들하고 놀아 줄 시간 없단다, 애들아." 기사가 어깨 너머로 외쳤다.

버스 중간쯤에 앉아 있던 두 남자가 벌떡 일어나더니 탈출하려는 사람들 사이를 헤집고 사샤 쪽으로 걸어왔다. 머리가 벗어지기 시작한 키 작은 남자와 바셋하운드처럼 처진 눈에 팔자수염을 수북이 기른 키 큰 남자였다.

"어서 엎드려!" 콧수염 사내가 외쳤다. "바닥에 엎드려!" 두 남자는 서로 모르는 사이였지만 힘을 합쳐 사샤를 바닥으로 떠밀었다. 콧수염 사내가 외투를 벗어 사샤의 치마 위를 덮어서 불을 껐고, 머리숱 적은 사내는 주위에 떨어진 잔불이 붙은 검댕을 밟아서 껐다.

단 몇 초 만에 불은 모두 꺼졌다. 기사는 도로 연석에 버스를 바짝 붙여 세웠다. 충격에 빠져 멍한 사샤는 가까스로 몸을 일으키며 "오, 맙소사. 젠장."이라고 외쳤다.

"저 아이한테 **불**이 붙었잖아요? 그렇죠?" 사샤가 뒷문을 밀며 보도에 내리려는데 어떤 남자가 말했다. 그의 뒤에서 콧수염 사나이가 통로를 걸어오며 다급하게 소리쳤다. "구급차 좀 불러 주세요." 버스 문가로 가서는 다리가 그을린 채 보도 위를 서성이는 사샤에게 외쳤다. "애야, 구급차를 불러야 해!"

파란색 농구복 차림의 소녀가 열린 문으로 사샤에게 물었다. "괜찮아요?"

사샤는 대답하지 않았다.

버스는 텅 비었다. 승객들이 머리를 절레절레 흔들며 하나씩 내렸기 때문이다.

"정말 말도 안 돼. 뭐, 이런 일이."

"다리가 완전히 타 버린 것 같던데 봤어요?"

"하느님 맙소사. 도대체 누가 그런 짓을 했대요?"

"애 하나를 완전히 망가뜨렸네."

"엉망이야. 완전 엉망!"

마지막으로 운전기사가 버스 뒤쪽으로 건너와서 타고 남은 사샤의 치마 검댕을 발로 차 문밖으로 치웠다.

"어휴, 정말 멍청한 녀석들 같으니라고!" 기사가 화나서 소리 질렀다.

지켜보기

버스에서 뛰어내린 리처드는 별일 없는 것처럼 보이려 애쓰며 주머니에 양손을 찔러 넣고 성큼성큼 걸어갔다. 그때 사샤의 비명 소리가 들렸다. 멈추고 뒤돌아서 왔던 길을 돌아갔다.

버스 쪽을 보는데 입이 딱 벌어졌다.

버스가 움직이기 시작했다. 뒤쪽에서 불이 난 것을 알아채지 못한 기사는 정해진 노선을 따라 주행하고 있었다.

리처드는 버스를 뒤쫓아 달렸다. 갑자기 버스가 연석 쪽으로 기울었다. 승객들이 고함을 지르고 연신 기침을 해 대며 쏟아져 나왔다. 뒤따라 오던 NL 버스도 57번 버스 뒤에 정차했다. 리처드는 주춤주춤 NL 버스에 올랐다. 몇 초 뒤 다시 버스에서 내려 다리가 검게 그을린 채 맨발로 보도를 서성이는 사샤 쪽으로 걸어갔다.

리처드는 얼쭘하니 걸으면서 고개를 빼고 사샤를 쳐다보았다. 다시 방향을 바꾸어 사샤를 지나쳐 가면서도 여전히 눈길을 떼지 못했다. 그때 자말과 로이드도 57번 버스에서 내렸고, 셋은 반쯤 걷고 반쯤 뛰다시피 하며 다른 버스를 탔다.

그날 밤, 유난히 처져 있는 리처드가 재스민의 눈에 들어왔다.

"무슨 일 있니?"

리처드는 엄마에게 아무 말도 하지 않았다.

콧수염 사내

경찰이 도착하고 나서야 콧수염 사내는 집을 향해 걸었다. 눈물이 주체할 수 없이 뺨을 타고 흘렀다.

남자는 반바지에 버튼업 셔츠 차림이었는데, 재킷은 불을 끄느라 여기저기에 검댕이 묻었다.

"도대체 왜? 오, 하느님 맙소사, 대체 무슨 이유로?" 그는 혼잣말로 물었다.

전화 통화

수업은 이미 5시에 끝났지만, 사샤에게 전화가 왔을 때 칼은 여전히 교실 안에 있었다.

"아빠, 지금 이리로 오셔야겠어요. 제가 버스를 타고 있었는데 저한테 불이 붙었어요."

"뭐라고?" 칼이 물었다. 수신 상태가 좋지 않았다. "다시 말해 보렴."

"저를 데리러 와 주셔야 해요. 병원에 가야 할 것 같아요. 누군가 저한테 불을 질렀어요."

칼은 사샤가 하려는 말을 자신이 잘못 알아들은 거라고 생각했다. 그러면서도 교실 안을 돌며 창문을 닫고 물건을 챙겼다. "잠깐, 다시 한번 말해 볼래? 네가 버스를 타고 있었는데 **무슨** 일이 일어났다고?"

"아빠, 저 지금 병원에 가야 해요."

칼은 뛰기 시작했다. 여전히 사샤와 통화하며. 똑같은 질문을 되풀이하는 사이 한 블록, 다음 블록, 거리를 내달렸다. 마침내 현장에

143

도착해 보니 속옷이 다 드러난 사샤가 덜덜 떨면서 가쁜 숨을 몰아쉬며 길가에 누워 있었다. "다시 말해 봐. 무슨 일이 일어났다고?"

그즈음 대부분의 승객이 흩어졌고 운전기사와 몇몇 사람들만이 텅 빈 버스 옆 보도 위에 남아 있었다. 그중 한 소녀가 자신의 엄마에게 전화했고, 이 부인이 911에 신고했다. 소녀의 엄마는 구급차가 오기 직전에 도착했다. 칼이 데비에게 전화를 걸어 사고 소식을 알리는 동안 소녀의 엄마는 딸을 감싸 안고 서 있었다.

현장에 왔을 때 데비는 사샤가 진흙탕에라도 빠졌다 나온 줄 알았다. 그게 아니라면 어째서 사샤의 다리가 검은 반점들로 얼룩덜룩하겠는가? 무슨 일이 있었는지 들은 다음에는 흐느껴 울기 시작했다.

"엄마가 늘 걱정하시던 일이 정말로 일어났네요." 하고 사샤가 말했다.

구급차가 당도하기까지는 오랜 시간이 흘렀지만 경찰차는 바로 왔다.

"누가 이런 짓을 저질렀는지 아니?" 경찰관들이 사샤에게 연거푸 물었다.

"아니요. 전 잠들어 있었어요."라고 대답하는 사샤의 이가 '딱딱딱' 떨렸다.

세상에 태어나 그렇게 추웠던 적은 없었다. 사샤의 벌거벗은 두 다리가 11월의 한기 속에 고스란히 드러나 있었다. 사실 벌거벗었다는 표현으로는 부족했다. 피부가 벗겨져 속살까지 드러났으니까.

칼은 항상 쓰고 다니던 아웃백 모자를 벗어 지나가는 행인들이 보지 못하도록 사샤의 가랑이를 가렸다.

"그를 따뜻하게 해 줄 만한 게 있을까요?" 데비가 사샤의 인칭대명사도 잊은 채 물었다. 한 경찰관이 순찰차로 가서 노란색 비닐덮개를 한 장 가져왔다. 보통 시신을 덮는 용도의 물건이었다. 데비는 그런 걸 살갗이 벗겨진 자식의 다리 위에 덮고 싶지는 않아서 사샤의 어깨에 둘러 주었다.

45분 만에 마침내 구급차가 도착했다. 구급대원들이 사샤를 들것에 옮기고 정맥주사를 연결했다. 따뜻한 액체가 사샤의 혈관을 타고 들어갔다. 모르핀이었다. 통증과 오한이 잦아들었다. 이제 사샤는 안전했다. 목숨을 구했고, 모든 것이 괜찮아질 것이었다.

사샤를 병원으로 이송하는 동안 구급차 앞 좌석에는 칼이 앉았다. 데비가 앉을 자리가 없었다. 데비는 보도 위에 서서 구급차가 떠날 때까지 흐느끼고 있었다. 십대 소녀와 그 애의 엄마만 빼고 모두가 떠났다.

"우리 애가 치마를 입었다고 그런 짓을 저지른 거예요!" 데비는 울먹였다.

소녀와 그 애 엄마가 데비를 품에 안아 주며 말했다. "그건 이유가 될 수 없어요."

림 산불의 설욕

응급실에 도착한 사샤는 머리가 빙글빙글 도는 것 같았다. 중얼거리다가 웃다가. 모르핀에 취한 증상이었다. "이건 림 산불의 설욕이에요." 사샤가 의사들에게 말했다. 산불 때문에 요세미티 공원에서 니모와 함께 대피했던 때가 떠오른 것이었다. 데비와 칼은 그토록 낯가림이 없는 사샤를 생전 처음 보았다. "모두가 친절해요. 저를 잘 보살펴 주시거든요!" 사샤가 뇌까렸다.

샌프란시스코에 있는 세인트프랜시스메모리얼 병원으로 이송된 덕분에 사샤는 베이 지역 인근에서 발생한 화상 환자를 전문적으로 치료하는 보틴 화상 센터에 입원했다. 화상 센터 소속의 외과 의사인 리처드 F. 그로스먼 박사가 사샤의 상태를 사정하려고 응급실을 찾았다. 사샤의 다리에 난 상처는 붉은색과 분홍색, 검은색, 노란색이 뒤섞인 여러 가지 색을 띠었다. 하얗다 못해 너무 익힌 참치처럼 보이는 거칠한 무색 숯덩이 같다는 것을 그로스먼 박사는 바로 알아보았다. 피하지방층 아래까지 완전히 타 버린 3도 화상을 의미했다.

응급실에 있던 사샤가 화상 병동으로 이송되었다. 화상 환자가 거치는 첫 번째 처치는 희석한 소독액으로 가득 찬 거대한 스테인리스 목욕통이었다.(화상 환자가 사망에 이르는 주된 원인인 감염을 예방하는 조치이다.) 벌거벗은 채 욕조에 누워 있자니 사샤는 비로소 자신이 얼마나 심각한 부상을 입었는지 눈으로 확인할 수 있었다. 이상한 색으로 변색되고 그을리고 살갗이 벗겨진 두 다리는 형체를 알아보기 힘들 정도였다. 그로스먼 박사에 따르면 사샤의 화상 범위는 신체 중 22퍼센트에 해당했다.

그럼에도 박사는 데비와 칼을 만나서는 자신 있게 말했다. 화상이 매우 심각하기는 하지만 치료는 가능하다고. 보틴 화상 센터에서 근무하는 동안 훨씬 더 심각한 사례도 많이 보아 왔다고 두 사람을 안심시켰다. "우리 병동에서는 며칠에 한 번씩 사망 환자가 발생합니다만 사샤한테 해당하는 얘기는 아니었습니다."라고 나중에 설명했다.

밤 10시 뉴스

카프리스는 매일 밤 10시 뉴스를 꾸준히 챙겨 보았다. 이를테면 다음 날 학교 근무에 대비하는 준비 과정이었다. 누군가 오클랜드에서 총에 맞았다면 오클랜드 고등학교의 누군가와 관계가 있거나 누군가에게 영향을 미치거나, 아니면 학교의 누군가가 연루되었을 가능성이 높았다.

그날 밤에는 57번 버스에서 누군가 한 남성 승객에게 불을 붙였다는 뉴스가 보도되었다. 카프리스는 고개를 저었다. "도대체 누가 저런 짓을 했을까?" 궁금하기도 했다.

잠긴 문

다음 날 아침 어떤 교사가 카프리스에게 전화를 했다. 수업 듣는 학생 하나가 수업을 빠지려 한다는 것이었다. 그러더니 리처드가 전화를 건네받았다. "선생님께 꼭 해야 할 말이 있어요."

카프리스는 도대체 무슨 일이 그렇게 급하기에 수업이 끝날 때까지 기다릴 수 없는 것인지 상상이 안 되었다. "점심시간에 오는 게 좋겠다."라고 그녀가 말했다.

점심시간에 리처드가 카프리스의 사무실을 찾았으나 아이들이 너무 많았다. 리처드가 조용히 얘기하고 싶어 한다는 걸 느꼈지만 사무실을 정리하기가 쉽지 않았다. 여학생 하나가 계속 있으려고 해서 카프리스는 사무실 밖으로 함께 나가 곁방을 통과해서 직접 복도까지 그 애를 데려다주려고 했다. 그때 뒤에서 사무실 문이 딸깍 잠기는 소리가 들렸다. 문이 안에서 잠겼다. 열쇠와 핸드폰이 모두 사무실 책상 위에 놓여 있었다.

당황한 카프리스가 복도를 따라 행정실까지 걸어가서 책상과 책상 사이를 간신히 지나 방 뒤쪽으로 갔다. 그곳을 뒤져 자신의 사무실로 통하는 옆문 열쇠를 찾았다. 이 모든 번다함이 해결되기까지 걸린 시간은 고작 몇 분이었지만 카프리스가 사무실에 돌아왔을 때 리처드는 어디론가 사라지고 없었다.

리처드는 사무실 밖에 있었다. 수갑을 찬 채 제복을 입은 두 경찰관에게 끌려가고 있었다. 카프리스는 끝내 리처드가 하려던 말이 무엇인지 듣지 못했다.

메이벡

다음 날 사샤가 학교에 등교하지 않았다. 니모는 슬슬 걱정이 되기 시작했다. 다른 아이들에게 "사샤가 어디에 있는지 아는 사람?" 하고 물어보았다. 사샤의 이웃에 사는 한 학생이 사샤가 병원에 갔다는 말을 듣기는 했는데 이유는 모르겠다고 말했다.

니모가 사샤의 집으로 전화했다. 아무도 안 받았다. 이번에는 칼의 휴대전화로 전화했다. 목소리가 떨렸다. "사샤는 괜찮나요?"

데비와 칼은 그때 병원에 있었다. 칼은 니모에게 무슨 일이 있었는지, 불과 화상에 대해 알려 주었다. 예후가 좋다고 의사가 말했다며 니모를 안심시켰다. 사샤는 괜찮아질 테지만, 적어도 몇 주간은 입원해야 한다고도 알려 주었다.

전화를 끊기 전에 니모는 "사샤한테 사랑한다고 전해 주세요."라고 말했다.

니모가 마이클에게 사샤의 소식을 전했다. 마이클은 힐리에게, 힐리는 티아에게 전했다. 친구들이 한데 모였다. 온몸이 떨리고 눈물이 났다. 소식이 전해지면서 학교생활이 거의 멈춰 버렸다. 이해

151

할 수가 없었다. 퀴어 친화적이라는 베이 지역에서 어떻게 이런 일이 일어날 수 있지?

"우리는 모두 자유를 사랑하는 히피 십대들이었어요. 그런 일은 상상도 할 수 없었어요."라고 힐리가 말했다.

그런데 그런 일이 실제로 일어났다. 누군가 사샤에게 불을 질렀다. 어쩔 수 없이 그런 짓을 저지른 것이 누군지에 생각이 미쳤다.

힐리가 말했다. "그 사람이 미웠어요. 정말 끔찍이도 싫었어요."

시암

시암 순다르는 메이벡 고등학교의 과학 교사였다. 까다로운 수업으로 명성이 자자한 시암은 턱수염을 기른 다부진 남자로 생물학과 화학, 유기화학을 가르쳤고, 학생들 사이에서는 일종의 '전설'로 통했다. 제목이 '시암'인 인덱스카드에는 "최선을 다해 시암을 흉내 내 보렴, 얘야."라고 쓰여 있었다. 시암은 학생들과 이야기할 때 말끝마다 '얘야'라고 부르는 습관이 있었다.

사샤는 시암이 가장 아끼는 학생 중 하나였다. "학자." 시암은 그가 할 수 있는 최고의 찬사를 써서 사샤를 불렀다. "훈련 중인 학자가 아닙니다. 이미 완성된 학자지요."

11월 5일 출근길에 시암은 누군가 버스 안에서 다른 사람에게 불을 질렀다는 뉴스를 라디오로 들었다. 사샤가 학교에 오지 않은 걸 확인한 뒤에야 비로소 무슨 일이 있었는지 알게 되었다. 사샤의 소식을 어떻게 들었는지 시암은 정확하게 기억하지 못했다. 사실 다른 많은 것이 기억나지 않았다.

"그 사건이 있었던 한 주 전체가 통째로 제 머리에서 사라졌습

153

니다."라고 시암은 말했다. 15년 교직 생활 동안 무슨 일이 있어도 가르치는 일을 최우선으로 여겼다. 할머니가 돌아가셨다는 소식을 수업 중에 들었을 때에도 끝까지 수업을 마쳤다. "할머니라면 제가 수업을 제대로 마치길 바라실 거라고 믿었거든요. 가르치는 일은 제게 신성한 소명입니다." 그가 설명했다.

하지만 사샤가 화상을 입었다는 소식을 듣고는 수업을 진행할 수가 없었다. 매일 학교에 출근하기는 했지만 학생들에게 유인물을 나눠 주는 것으로 수업을 대신했다. 사샤는 항상 같은 자리에 앉았다. 이제 그 자리가 텅 비어 있었다. 시암은 교실 안에서 사샤의 자리 쪽으로는 눈길을 돌릴 수조차 없었다.

"그쪽에 앉아 있는 다른 학생들과 도저히 눈을 마주칠 수 없었습니다."

내 아들이라는 것을 알았어요

온갖 방송사가 버스 안에서 승객에게 불을 지른 용의자를 경찰이 체포했다는 소식을 보도하고 있을 때 재스민도 마침 텔레비전을 보고 있었다. 앵커가 용의자의 이름을 말하지도, 카메라가 그의 얼굴을 비추지도 않았지만 뉴스를 보는 내내 재스민의 심장이 두근두근 뛰었다. 뉴스에서 보여 준 것은 수갑을 찬 채 경찰서 계단을 오르는 한 소년의 뒷모습뿐이었다. 흰색 면바지. 검은색 후드 티. 리처드가 아침에 입고 나간 옷과 똑같았다.

"뉴스를 보고 내 아들이라는 것을 알았어요. 그 뒷모습을, 체형을 보자마자 알아봤어요. 그 애가 누구인지."

카프리스에게 전화하자 체포된 아이가 리처드라는 대답이 돌아왔다. 이어서 생각나는 모든 사람에게 전화를 걸었다. 리처드의 아빠, 보호관찰관, 경찰서. 리처드가 어디에 있는지 말해 주는 사람이 아무도 없었다. 하릴없이 자리에 앉아 뉴스를 보며 누구든 연락해 오길 기다렸다. 리처드는 전화하지 않았다. 엄마 대신 아빠에게 전화했다. 아마도 실망하는 엄마를 차마 보고 싶지 않았던 것 같다.

엿새가 지나 재스민이 비로소 리처드를 만나게 되었을 때는 지방 검사가 이미 리처드를 성인으로 기소하기로 결정한 뒤였고, 모든 뉴스에 그 애의 이름이 도배되었다.

경찰 조사, 첫 번째

체포된 날 경찰서에 도착했을 때 경찰들이 리처드를 202호 조사실로 데려갔다. 신발 끈과 벨트, 밴대너, 후드 티에 달린 끈을 모두 제거하라고 지시했다. 그런 다음 리처드만 두고 모두 나갔다.

조사실은 비좁고 누추했다. 방 안에 있는 가구라고는 직사각형 테이블과 앉는 자리에 파란색 비닐을 씌운 의자 세 개뿐이었다. 벽이 움푹 패고 벽토가 벗겨져 있었다. 뜯긴 조각들이 바닥에 흩어져 있는 것으로 보아 누군가 최근에 주먹으로 벽을 쳤고, 아무도 청소 같은 건 신경 쓰지 않은 것 같았다. 리처드는 몸을 앞으로 기울여 이마를 테이블 모서리에 댔다. 몇 분이 흘렀다. 곧추앉아 손가락으로 눈을 비볐다. 몸을 뒤로 기대며 바닥을 응시했다. 다시 몸을 앞으로 기울이더니 두 팔 위에 턱을 얹었다. 손으로 머리를 감쌌다. 상체를 일으키고 턱을 괴었다. 10분이 지났다. 그리고 20분. 다시 30분.

한 시간이 지나서야 경찰관 하나가 문을 열고 들여다보며 점심용 도시락 봉투를 건네주었다. 리처드가 봉투를 열었다. 소다수와

157

터키 샌드위치, 선칩 과자 한 봉지. 리처드는 봉투를 평평하게 펴고 그 위에 샌드위치를 놓았다. 하지만 다시 팔짱을 끼고 머리를 숙였다. 팔짱을 이렇게 끼었다 저렇게 끼었다 했다. 세 번을 바꿔 끼었다. 그러고는 샌드위치를 먹었다.

처음 조사실에 들어와 앉은 뒤 정확하게 두 시간 19분이 지나 앤윈 존스와 제이슨 앤더슨 경찰관이 들어왔을 때 리처드는 다시 테이블에 머리를 박고 있었다. 두 경찰관은 리처드에게 가운데 의자로 옮겨 앉으라고 시키고 각각 리처드의 양쪽에 자리 잡았다.

"과자 더 안 먹을래?" 존스 경관이 물었다. 키가 큰 아프리카계 미국인으로 삭발에 안경을 썼다. 다가가기 쉽고 이해심 많은 태도를 보였다.

"아까부터 배가 약간 아파서요." 리처드가 말했다.

두 경관은 편안하게 진행하자고 리처드에게 말했다. 두 사람은 리처드의 생활에 대해서 물었다. 어디에 사는지, 어떤 스포츠를 즐기는지. "학교에서는 어때?" 존스 경관이 물었다.

"그럭저럭 괜찮아요. 그런데 뒤처지기 시작했어요. 학교가 저한테는 별로 안 좋은 것 같아요. 한눈팔 게 너무 많아요. 제가 집중하려면 좀 더 작은 학교가 좋겠어요." 리처드가 대답했다.

"그걸 이해 못 하는 아이들이 많을 거야. 나도 어렸을 때 똑같은 문제를 겪었단다." 존스 경관이 고개를 끄덕이며 말했다.

"여자친구는 있니?" 앤더슨 경관이 물었다. 그는 덩치 좋은 백인이었다. 곧잘 미소를 지었지만 어쩐지 억지로 친절한 척하는 것 같았다.

"찾고 있어요." 리처드가 대답했다.

"찾고 있다고? 거리를 거닐면서?" 앤더슨 경관이 미소를 머금고 물었다.

"찾기 쉽진 않죠."

"레딩에 여자애들이 있었니?" 앤더슨 경관이 물었다. "예쁘던?"

리처드는 어리둥절해 보였다. 레딩에서는 그룹홈에 있었고, 여자애들과의 교제는 허용되지 않았다고 설명했다.

존스는 한 손을 무릎 위에 얹고 다른 손은 필기구 위에 올려 둔 채 물었다. "그룹홈에서는 뭔가 배운 것이 있니? 가족과 떨어져 살았는데, 중요한 교훈이라도 얻었니?"

"지내기 힘들었어요." 리처드가 털어놓았다. "적응하기까지 시간이 좀 필요했거든요. 그런 다음에는 잘 지냈는데 짝지가, 내 친구가 영원히 세상을 떠났어요. 그 후로 좀 무너졌어요."

"네 친구에게 무슨 일이 있었는데?" 존스 경관이 물었다.

"살해당했어요."

대화가 이어지면서 리처드는 솔직함을 넘어 속내를 거의 모두 털어놓는 지경이 되었다. 강도를 당했던 일도 두 경찰관에게 얘기했다. 자신이 친구라고 여겼던 아이에게 어떻게 당했는지에 대해. "이제는 사람을 믿지 못하겠어요."라고 말했다.

"좋아, 이렇게 하자." 존스 경관이 마침내 본론을 꺼냈다. "지금부터 네가 왜 여기에 왔는지 설명해 줄게. 우리는 너한테 몇 가지

묻고 싶은 게 있어. 네 입장에서 이야기를 들어 보려고, 무슨 일이
일어났는지 네 버전의 이야기를 들을 거야. 그런데 시작하기 전에
내가 네 권리를 너한테 읽어 주어야 해."

미란다원칙

"너는 묵비권을 행사할 수 있어. 네가 하는 말은 모두 법정에서 너에게 불리하게 사용될 수 있어. 너는 변호인을 선임할 권리가 있고 신문받을 때 변호인의 도움을 받을 수 있어. 변호인을 선임할 수 없을 때에는 신문에 앞서 너를 대리하도록 국선변호인이 선임될 거야. 내가 네게 알려 준 권리를 이해했니?"

"왜 모두 얘기했어?" 한참이 지나 재스민이 리처드에게 물었다. "나나 네 아빠 아니면 변호사하고 먼저 얘기했어야지."

몇 가지 연구에 따르면 경찰에게 조사받는 청소년의 90퍼센트 이상이 변호사와 상의할 때까지 기다리지 않을뿐더러, 경찰이 읽어 준 권리를 이해하지 못하는 것으로 나타났다. 아이들은 리처드가 했던 것처럼 그대로 행동한다. 다시 말해, 진술한다.

"아이들이 부모에게 자발적으로 도움을 청하지는 않습니다. 부끄럽고 창피하거든요. 어떻게 하면 부모님이 모르게 지나갈 수 있을까, 사춘기 청소년의 두뇌는 그걸 궁리합니다. 그리고 어떻게 하면 이 상황을 모면할 수 있을까 고심하지요." 미국 소년사법 최고 전문가 중 하나인 미네소타 대학교 법학과 배리 펠드 교수의 설명이다.

　"경찰관이 리처드에게 권리를 읽어 주고 나서 이해했느냐고 물었어요. 그 애가 정말로 이해했을까요? 아니요, 리처드는 자신의 권리를 이해하지 못했어요. 저는 그 애가 이해하지 못했다는 것을 알 수 있어요. 왜냐하면 **나도** 거의 알아듣지 못했으니까요. 법정에 들어갔을 때 변호사가 내게 설명해 주기 전까지 전혀 몰랐어요." 재스민이 말했다.

경찰 조사, 두 번째

"기억력이 좋은 편이지, 그렇지?" 리처드의 권리를 다 읊어 주고 나서 존스 경관이 물었다. "어제, 그러니까 학교 끝나고 뭘 했는지 자세하게 말해 주겠니? 학교를 나와서부터 밤 8~9시까지." 리처드는 방과 후에 로이드가 교문 앞에서 기다리고 있었다는 얘기부터 했다. 누군가로부터 전화가 와서 로이드와 함께 간 이야기도 했다.(여기까지 두 시간 가까이 소요되었다.) 그런 다음 버스에 타는 과정과 치마를 입은 남자에 대해서 설명했다. 급행 버스로 갈아타려고 57번 버스에서 막 내렸는데 비명 소리가 들렸고 달려서 돌아가 보았다고 말했다. 버스 문이 열리고 그제야 남자의 치마에 불이 붙은 걸 봤다고 진술했다.

"치마 입은 친구를 보고 무슨 생각이 들었지?" 존스 경관이 물었다.

"전 그런 거 별로예요. 게이들을 싫어하는 건 아닌데 동성애 혐호가 강한 편이에요."

존스 경관이 고개를 끄덕였다. "좋아. 너 스스로 동성애 혐오자

163

라고 생각하는 이유가 뭐지?"

"누군가 남자를 좋아한대도 문제 될 건 없어요. 하지만 너무 지나치다면? 아무도 신경 안 쓰죠, 사실."

"너무 지나치다고?"

"선을 넘는 거요." 리처드가 설명했다.

존스 경관은 '선'을 넘는 예를 들어 보라고 했다.

"이성의 옷을 입고 그러는 거요. 왜, 그, 모두에게 자신이 어떤 사람인지 알리려는 그런 사람들이 있잖아요. 너무 지나친 거죠. 너무 나간 거예요."

존스 경관이 보드게임 회전판처럼 연필을 메모장에 대고 빙글빙글 돌렸다. "그렇게 생각하는 사람이 많지. 이를테면 모두가 볼 수 있도록 중요 부위를 꺼내 보여 주는 사람들."

그런 다음 그는 버스에서 일어났던 일을 다시 설명해 달라고 리처드에게 요청했다.

"내가 보기에 네가 정직하게 말하지 않은 게 몇 가지 있구나." 리처드의 말이 끝났을 때 존스 경관이 토를 달았다. "넌 착한 애야. 난 솔직하게 말하는 사람을 좋아해. 우리도 너한테 솔직하게 말할 거야. 난 다른 사람도 나한테 정직했으면 좋겠어."

존스 경관은 전날 버스에 탔을 때 리처드와 로이드, 자말이 어떤 옷을 입었는지 설명해 달라고 했다. 그런 다음 테이블을 가로지르며 사진 몇 장을 내보였다.

리처드. 로이드. 자말.

리처드가 사진을 집어 들었다. 사진을 넘겨 보았다.

"우리가 사진을 가지고 있다는 거 알겠지?" 사진을 메모장 아래로 밀어 넣으며 존스 경관이 말했다. "그리고 명심하렴. 그냥 사진이 아니야. 녹화 영상을 캡처한 사진이야."

"네가 탔던 두 대의 버스 모두 녹음되는 비디오카메라가 달려 있어." 앤더슨 경관이 덧붙였다. "이걸 염두에 두고, 네가 우리에게 했던 이야기를 잠깐 되짚어 생각해 보렴. 그리고 **정말로** 무슨 일이 일어났는지 사실대로 말해 주면 좋겠구나."

앤더슨 경관이 이어서 말했다. "넌 나쁜 아이가 아니야. 때로 우리가 내린 결정이 최선의 결정이 아닐 수도 있어. 우리는 비디오를 확보했고, 버스 안에서 무슨 일이 있었는지 모두, 낱낱이 기록되어 있다는 사실을 명심하렴. 이제 너는 인생에서 중요한 결정을 내려야 할 때야. 내 행동에 대해 책임을 져야 할까? 솔직하게 말할까? 왜냐하면 치마에 불이 붙었던 버스 안의 그 친구가 심각한 화상을 입었거든."

"제가 그 영상을 볼 수 있을까요?" 리처드가 물었다.

경찰 조사, 세 번째

경찰이 보여 준 것은 짤막한 편집 영상이었지만 그것으로 충분했다. 리처드는 의자에 털썩 주저앉았다. 한쪽 손을 주머니에 찔러 넣은 채.

"그 치마에 불을 놓은 이유가 뭐지?" 앤더슨 경관이 물었다.

"바보짓이었어요." 리처드의 목소리가 가라앉았다.

"도대체 무슨 생각을 했던 거니?"

"아무것도요."

"이전에도 이런 적이 있었니?"

"아니요."

"도대체 무슨 생각으로 그런 것에, 다른 사람이 입은 옷에 불을 다 지른 거니?" 앤더슨이 집요하게 물었다. "그 친구는 심각한 화상을 입었어. 그냥 집에 돌아갈 수 있는 정도가 아니었어. 지금 샌프란시스코 화상 센터에서 수술을 기다리고 있다고. 매우 심각한 화상이야. 도대체 어떤 마음에서 그 치마에 라이터 불을 댕기기로 결심한 거니?

"아무 생각도요." 리처드의 목소리가 속삭이듯 잦아들었다.

"그 친구가 치마를 입고 있었기 때문이었니? 그게 마음에 안 들었어?"

"잘 모르겠어요."

"사람들이 어떤 행동을 할 때는 이유가 있는 거야." 경관이 말했다. "우리가 살다 보면 그때 당시 최선의 선택이 아닐 수도 있는 결정을 내리기도 해. 우리는 단지 왜 이런 일이 일어났는지 알고 싶은 거야."

"전 '동성애 혐호증'이에요. 게이를 좋아하지 않아요." 끝내 리처드가 이 말을 자기 입으로 뱉고야 말았다.

"그래? 버스 안에서 그 친구를 보니 마음이 거북했니?"

"내 머릿속에서 무슨 일이 일어났는지 잘 모르겠어요. 그냥 반응했어요." 리처드가 말했다.

"자말이나 로이드가 시켰니?"

"아니요."

"네 머릿속에서 무슨 일이 일어났는지 모르겠다고 너는 말하고 있다만, 사실은 그가 치마를 입은 게이라서 화났던 것 아냐? 그냥 게이가 아니라 '선을 넘은' 게이라서?" 존스 경관이 물었다.

"사실은 그 남자의 치마가 그렇게 될 줄 몰랐어요. 그렇게 불이 붙어서 불덩어리가 될 줄 몰랐어요. 그냥 작은 불꽃에 그칠 줄 알았어요. 바로 꺼질 거라고 생각했어요." 리처드가 불쑥 말했다.

하지만 후진 페달을 밟아 시간을 뒤로 돌리기에는 너무 늦었다.

167

존스 경관은 기소장에 대문자로 다음과 같이 썼다. "**용의자 신문 중,
용의자가 자신이 동성애 혐오자이기 때문에 그랬다고 진술함.**"

킬트를 입은 남성

처음에는 지역 언론, 그다음은 전국 방송, 그다음은 국제 방송까지 순식간에 뉴스가 퍼졌다.

"퇴근 시간에 캘리포니아주 오클랜드의 한 공영 버스 안에서 킬트 같은 옷을 입은 남자가 잠든 사이에 누군가 그에게 불을 질렀다."라고 로이터 통신이 보도했다.

"캘리포니아주 오클랜드에서 공영 버스의 한 남성 승객이 입고 있던 킬트에 불이 붙어 다리에 화상을 입었다." UPI의 기사였다. '킬트'라는 단어가 기자들의 마음속에 콕 박힌 것만 같았다. 마치 사샤가 백파이프 연습을 마치고 귀가하던 길이었다는 듯이 모든 기사에서 하나같이 '킬트'라는 표현을 썼다. 심지어 영국의 《데일리메일》은 킬트가 "스코틀랜드의 전통 복장"이라는 설명과 함께 킬트 사진까지 삽입했다.

데비는 뭔가 잘못되었다고 생각했다. 사샤가 입은 것은 킬트가 아니었다. 사샤는 **치마**를 입었을 뿐이다. 그리고 그 치마야말로 누군가 사샤에게 불을 지른 이유라고 나름대로 확신했다. 그래서 집

앞에서 기자들이 만날 때마다 데비는 설명하기 시작했다.

"제 아들은 스스로 에이젠더라고 생각해요. 치마 입는 걸 좋아합니다. 일종의 선언 같은 것이지요. 편한 옷이라고 생각하기도 하고요."

데비는 사샤를 '아들'이라고 지칭했음을 나중에야 깨달았다.

이건 실화야

11월 5일 화요일 저녁 9시 16분, 힐리가 마이클에게 문자를 보냈다.

힐리   마음이 어때

마이클   복잡해

       너는?

힐리   [아무 문자나 입력함] fohasjofpivcskm

마이클   어 응

힐리   그래

       뭔 말인지 알지

마이클   난 물리 시간이 되어서야 알았어

힐리   난 과학 시간에 들었는데 울고 싶지 않았어(그래도 울었지만) 그리고 뉴스 볼 때도 그랬을걸? 이건 실화야. 진심 장난이 아니었어. 난 이런 사람을 여태 본 적이 없어. 하지만 어쩌면 길거리에서 한 번쯤 만났을 수도 있지. 인터넷 같은 데서 대화를 나눴을지도 모르고. 그런 미친 짓을 구경하거나 좋아하는 사람들. 끔찍해.

171

마이클   그래······

        사샤의 사촌이 병원비를 보태려고 모금하기 시작했다는 얘기 들

        었어?

힐리   응, 나도 봤어

        벌써 2,000달러 모았대

마이클   잘됐네

힐리   글쎄

        참고로, 사샤는 아마 문자에는 답하는 것 같지?

마이클   그래!?!?!

        어떻게 알아?

힐리   그게, 니모가 보낸 문자에 한 번 답했더라,

        아마 오늘 밤에는 못 하겠지만

        첫 번째 수술이 내일이거든

마이클   사샤는 약을 너무 먹어서 제정신이 아닐 거야······

힐리   재미난 것 하나 알려 줄까?

        사람은 울기 시작하면 타이핑도 잘 못 한다!

마이클   그래, 그나마 사샤가 연락을 했었다니 다행이다

        나도 사샤 폰에 문자 남기긴 했어

힐리   응, 나도!

        나는 **저어어어어엉말** 긴 문자도 보냈어

마이클   어

        이제 나도 뭔가 해야겠단 생각이 들어

172

힐리	그래 내가 걱정꾸러기라서 하는 말인데
	네 기분이 나아질 때까지 시간을 좀 줘. 기분 나쁜 상태로 있지 마
마이클	그래서 오늘 밤에 생물 에세이나 시작할까 해
힐리	**나도!!!!!**
	그런데 아직 시작은 못 했어
마이클	도무지 집중이 안 돼
힐리	그래……
	사실 오늘 저녁 내내 아무것도 할 수가 없었어
마이클	시암 쌤한테 기한을 연장해 달라고 하고 싶지만, 왠지 사샤가 아
	픈 걸 이용하는 것 같아서……
힐리	그래, 나도 그럴까 했는데, 공평하지 않다는 생각이 들어서 그만
	둘래.
	그냥 밤새울까 봐, 멍하니 있는 것보다
	그게 좀 더 나은/도덕적인 선택 같지?
	뭐 그 비슷한 거라도
	……너 정말 괜찮아? 넌 괜찮아 보였으면 하겠지만 내가 보기엔
	아닌 것 같아
마이클	내 기분을 나도 잘 모르겠어
	기분이 시시각각 널뛰기를 해
힐리	그래, 나도 모르겠어, 말하자면…… 마비된 것 같달까, 지금으로
	서는
마이클	마구 소리 지르면서 울고 싶다가 바로 우울해져

지금은 아무것도 하고 싶지 않아

숙제? 아니

쿠키 클리커 게임? 됐어

사샤에 관한 뉴스 링크를 공유하고 싶다가도 뭘 써야 할지 모르겠

어, 그냥 페이스북에 이 얘기를 쓰고 싶지 않기도 해

힐리   그래, 모든 것이 잘못된 것 같아

내가 보낸 영상 봤어?

괜찮은 것 같던데

어땠어?

마이클   그래

끝에 나온 그 남자는 좀 이상했어

"비디오 게임 때문인 것 같아요"

그 남자 이상했어……

힐리   그래, 이상했어

그 사람 마음에 안 들어

아직 알려진 게 없어서 '확실치는 않지만' 혐오 범죄였던 것 같아,

너는 어떻게 생각하는지 모르겠지만

마이클   그래

아니었을 리가 없지

힐리   그렇지

이제 가야겠다

좋은 밤 보내

마이클   그래

잘 자

입소

경찰차 한 대가 앨러미다 카운티 소년원의 검문소로 진입한다. 경찰관들의 호송을 받으며 접수실로 들어간다. 벽에 걸린 안내문에는 다음과 같이 쓰여 있다.

다음의 모든 소지품을

여기서 제거합니다:

피어싱, 가발

탈부착 가능한 헤어피스

경찰관이 압수한 개인 소지품을 이름이 적힌 가방 안에 넣는다. 이제 직원이 다가와 경찰에게 수갑을 풀어 달라고 요청한다.

"신발 벗어." 직원이 지시한다. 직원이 손으로 더듬어 신체를 수색하고 몸 안에 숨긴 무기를 찾을 수 있는 금속 탐지기 사이를 지나가게 한다. 다른 안내문에는 다음과 같이 적혀 있다.

주의

담배

라이터/성냥

각종 도구, 칼, 마약

갱과 관련된 물건 또는

미성년자에게

적합하지 않다고

생각되는 모든 물품은

돌려주지 않습니다.

입고 온 옷을 가져가고 대신 원복을 가져다준다. 카키색 바지와 녹색 면 티, 짙은 재색 스웨트셔츠. 속옷은, 소녀에게는 흰색 브래지어와 팬티, 소년에게는 흰색 팬티. 남녀 모두에게 흰색 양말. 볼이 넉넉한 검은색 신발과 욕실용 슬리퍼. 이제 원한다면 샤워할 수 있다. 대부분이 샤워를 한다. 지금까지 진땀을 흘리고 있었을 가능성이 높기 때문이다. 옷을 갈아입은 뒤 '홀딩 탱크'라 불리는 수용동 건물로 들어간다. 홀딩 탱크는 모두 다섯 동인데 벽을 흰색으로 칠한 상자형 콘크리트 슬래브 건물이다. 수용 거실 안에는 대개 혼자 있을 가능성이 높지만, 입소자가 넘칠 때에는 다른 사람과 함께 방을 쓰기도 한다. 서로 사이가 좋지 않은 아이들은 한 방에 배치하지 않는다. 수감자 사이에 싸움이 나는 걸 원치 않기 때문이다.

직원들이 개인 서류를 찾으면 입소 절차가 시작된다. 전화를 두 번 쓸 수 있다. 한 번은 부모 또는 후견인, 다른 한 번은 직장이 있다면 고용주나 보호관찰 중인 경우엔 보호관찰관. 그런 다음 의료 검진을 받는다. "복용 중인 약이 있나요?" "24시간 이내에 다친 적이 있나요?" 의료진이 HIV 테스트를 실시하고, 여자라면 임신 테스트도 실시한다. 이전에 입소한 적이 있다면 의료 파일이 이미 구비되어 있다. 의료진이 파일을 빠르게 훑어보고 확인차 몇 가지 물을 수도 있다. "천식은 좀 어때요?"

이제 사진을 찍고 지문을 남길 차례다. 직원들이 입소자의 몸에 있는 흉터나 문신까지 낱낱이 기록한다. 지문을 데이터베이스에 입력한다. 이제 입소에 필요한 모든 절차를 마쳤다. 모든 과정이 끝나기까지 한 시간이 채 걸리지 않는다.

겨자색 페인트를 칠한 벽을 따라 긴 복도를 걸어간다. 황갈색과 황색, 미황색 사각형이 차례로 교차하는 리놀륨 재질의 바닥은 반짝반짝 윤이 날 만큼 깨끗하다. 중죄로 기소된 소년범은 최고 보안 수준으로 관리되는 수용동 중 하나인 4동으로 들어간다. 각 동에는 상층과 하층에 걸쳐 30개의 독거실이 있다. 요즘에는 절반 정도만 찬다.

방문은 모두 파란색이고 계단도 파란색이다. 수용 거실 내부는 노란색이고 파란색 1인용 간이침대, 스테인리스 싱크대와 변기, 그리고 문가에 설치된 비상용 전화기 말고 다른 가구는 없다. 가로세로 2.5미터 크기의 방 안은 매우 밝다. 철문에는 사각형 쪽창이 뚫려 있다. 수용 거실 안으로 들어가고 등 뒤에서 문이 닫히면 아이들은 보통 뒤돌아 쪽창 앞에 서서 밖을 내다본다.

싱크대 위에 걸린 금속제 틀 속 거울에 흐릿하게 반사되는 형상을 하나하나 세지 않는 한, 들여다볼 만한 것이 거의 없다. 사각 유리창을 통해 세계의 한 조각을 바라보거나 파란색 비닐을 씌운 매트리스 위에 두 눈을 감고 누워 쿵쾅거리며 흉벽에 부딪히는 심장을 가라앉히려 애쓰는 것 말고 달리 할 일도 없다.

법정 출두와 주말 면회 시간을 제외하고는 이 방에서 나갈 일이 없다. 면회는 토요일이나 일요일에 세 시간 동안 부모나 후견인만 가능하며, 형제자매는 불가능하다. 건물 지하의 체육관에서 진행되는 체육 수업과 의무실 방문을 제외한다면 당신은 이곳, 이 수용동에서 모든 일상생활을 영위하고 매일 보는 사람들만 만나게 된다. 학교가 여기 있고, 식당도 여기, 예배당도 이곳에 있다. 이발사가 일주일에 두 번 방문해서 구석에 있는 의자에 앉히고 머리를 잘라 준다. 간호사나 상담사도 이곳으로 방문한다. 수용동 문을 열고 나가면 거기가 바로 운동장이다.

휴식 공간이 하나 더 있다. 옥외의 큰 운동장으로 농구 골대가 세 개 있다. 사방이 가시철사, 언덕, 숲 그리고 하늘로 둘러싸여 있다. 소년원에서 볼 수 있는 **세계**의 전부, 360도 파노라마 전경이다. 하지만 이나마도 성인으로 기소되었다면 누릴 수 없다. 이 경우 운동은 수용동 밖 삼각형 모양의 운동장에서만 가능하다. 대략 30×20×30미터에 못 미치는 크기의 운동장에는 농구 골대 위쪽으로 야

179

생동물 벽화가 그려져 있다. 머리를 뒤로 젖히면 철조망 가림막 너머로 파이 조각 같기도 하고 쐐기 모양 같기도 한 좁은 하늘을 볼 수 있다.

살인이나 살인 미수 또는 버스 안에서 다른 사람에게 불을 놓는 중죄를 저질러 입소한 경우라면 처음 24시간 동안은 카메라가 설치된 수용 거실에 배치한다. 직원들은 경험으로 아는 것이다, 혼자 남게 되면 비로소 뼈저리게 깨닫게 되리란 걸. 자신이 무슨 짓을 저질렀는지. 무슨 일이 일어날 것인지. 그래서 스스로 다음 희생자가 되지 않도록 직원들이 카메라를 통해 수감자를 지켜본다.

수술

병원에 입원한 첫날 아침, 사샤는 두려움에 압도되었다. 먹고 싶은 생각도 없고, 아무래도 마음이 진정되지 않았다. 오한과 발한을 동반한 공포증. 피부를 잃었을 때 나타나는 일반적인 반응이다. 이런 이유로 화상 치료에서는 진통제만큼이나 진정제와 항불안제가 중요하다.

사샤는 무엇이든 먹어야 했다. 화상 환자에게는 빠른 회복을 위해서 충분한, 아니, 그 이상의 영양 공급이 필요했는데 사샤는 원래부터 많이 먹는 편이 아니었다. 병원 영양사는 코로 관을 삽입해 영양 공급을 하려고 했다. 사샤는 처음에 비위관 삽입을 거부했다. 영양식이 채식이 아니라는 게 이유였다. 데비와 칼이 딱 한 번만 원칙을 접어 두자고 사샤를 설득했다. "이렇게 하면 여기서 더 빨리 나갈 수 있어."라고 부모님이 사샤에게 약속했다.

다음 날인 11월 6일 아침, 사샤는 수술을 받았다. 수술실에서 그로스먼 박사는 화상을 입은 죽은 피부를 밀어내고, 출혈 조직에 닿을 때까지 피부 층을 얇게 여러 차례 제거했다. 그런 다음 노출된 부위를 임시 이식용인 돼지 피부로 덮었다. 이종이식이라 불리는 이 시술은 이식한 피부 편에 혈액을 공급할 수 있을 만큼 기저 조직이 재생될 때까지 유지된다.

이 무렵 뉴스에서 사샤의 이름을 공개했다. 데비와 칼 부부가 간호사실에서 화상과 책임자와 이야기를 나누고 있었는데 로비에서 전화가 왔다. 누군가 사샤의 병문안을 왔다고 했다. 방문자의 이름이 맥스이며, "사샤의 고향에서 온 목사"라고 스스로를 밝혔다는 것이다. 이런 일을 겪고 나서 데비와 칼은 언론에 대처하기 위한 계획과 함께 방문을 허용하는 손님 목록을 짧게 작성해 두었다.

그날 저녁 사샤는 온라인으로 자신에 관한 뉴스를 확인했지만, 이 놀랄 만한 사건도 사샤의 관심을 끌지 못했다. 진통제와 진정제로 인해 감각이 둔해졌고 마음이 이리저리 춤을 추었다. 병원 밖 세상의 뉴스는 마치 굽이굽이 산길을 운전하는 가운데 켜 놓은 라디오 소리 같았다. 멀찌감치 어슴푸레 들리던 목소리가 잠깐 깨끗하게 들렸다가 지지직거리는 잡음 속으로 사라지기를 반복했다.

사샤에게는 말하지 않았지만 사실 데비는 리처드를 신문한 경찰관 한 명과 대화를 나눴다. 그녀는 리처드에 관해 들은 내용을 다음과 같이 적어 두었다.

그 애는 정말로 자기가 동성애 혐오자라고 말했다. 그리고 킥킥 웃었다.

아직 죽을 맛이야

11월 6일 수요일 오후 7시 2분, 마이클이 힐리에게 메시지를 보냈다.

마이클   힐리, 대화 가능?

힐리   완전 가능< 즈 쉬 $^{je\ suis}$

마이클   좀 어때?

힐리   [아무 문자나 입력함] uhfwcanovdwbjhgwoeaihs

            보모 알바 하다가 사샤에게 문자를 받았어

            잘 있대

마이클   잘됐네

            아까 보니 사샤가 스카이프에 로그인했더라고

            맞아, 지메일 계정도

            사샤가 깨 있는 걸 보니 기분 좋다

힐리   그러게, 난 **방금** 전에 문자했었어, 한 20분 전쯤

마이클   사실

            니모하고 나는 내일 병문안 갈까 해

183

힐리	그거 잘됐네
	나도 갈 수 있으면 좋겠다
	병문안이 가능한 줄 몰랐어
	어쩌면 난 금요일(?)에 갈지도
	'사샤를 위해 치마 입는 날' 사진을 찍어 갈 수 있을 거야~
마이클	사샤를 위해 치마 입는 날?
힐리	못 들었어? 우리 모두 금요일에 사샤를 위해서 치마를 입기로 했어. 사진도 찍을 거야~
마이클	난 처음 들었어
	암튼, 찬성
힐리	**나도 치마를 입을 거야**
	나한테는 엄청난 사건이야
	치마 싫어하니까
마이클	그렇군
	사샤도 알아?
힐리	아아아아아아뉘 깜짝 선물이니까 말하지 마
마이클	재밌겠는데
힐리	그래 재미날 거야
	그런데 **넌** 좀 어때?
마이클	많이 좋아졌어
	학교 하루 빠지길 잘했어
힐리	잘됐네

나도 사샤랑 얘기할 수 있어서 좀 낫긴 한데, 그래도 아직 죽을 맛
이야

짜증나, **게다가** 아직 숙제도 남았어

마이클   그래…… 나도 오늘 공부 거의 못 했어

오늘 밤에도 늦게 잘 것 같아……

힐리   밤에 잠이 안 와

자려고 눈을 감으면 깜짝 놀라서 깨

어젯밤에는 한두 시간밖에 못 잔 것 같아

마이클   :(

난 좀 지쳐 있었나 봐

베개에 머리를 묻자마자 잠이 들었어

힐리   그래, 그런데 나 방금 그 생각이 났어,

사샤가 잠을 깨서 자기에게 불이 붙은 걸 알았을 때 말이야

기소 혐의

체포한 지 이틀 만에 지방검찰청은 언론에 가해자인 리처드의 실명을 공개했다. 리처드는 성인으로 기소되었다. 바꾸어 말하면 소년범에게 보장되는 몇 가지 보호조치를 더 이상 보장받지 못한다는 뜻인데, 익명성 보장도 그런 보호조치 중 하나였다. 리처드는 '중상해죄'와 '중상해를 의도한 폭행죄', 두 가지 중죄로 기소되었다. 또한 그 각각에 혐오죄 조항이 추가되었는데, 이것만으로도 리처드의 형량은 주립 교도소 1년 형에서 3년 형까지 늘어날 수 있었다. 리처드가 최종적으로 유죄판결을 받는다면, 최고 무기징역까지 선고받을 수 있는 혐의였다. 성인이 아닌 소년으로 기소되었다면 상상할수 없는 중형이었다.

"[리처드의] 폭력적이고 몰지각한 범죄행위로 인해 아무 잘못없는 젊은 피해자가 정신적 외상을 초래할 정도로 심각한 상해를 입었습니다. 이런 냉혹한 범죄행위가 고의로 발생했다는 사실은 매우 충격적이며 우리 공동체 안에서 결코 용납되어서는 안 될 것입니다." 앨러미다 카운티의 지방 검사 낸시 오맬리가 밝힌 입장이었다. 한편, 로이드와 자말은 단 한 번도 조사받지 않았고, 체포도 기소도 되지 않았다.

주민발의안 21호

"여기 서서, 수갑을 강요당하는 자신의 모습을 상상해 보고, 당신의 내면에서 어떤 감정이 일어나는지 떠올려 보라." 1884년 존 P. 올트겔드라는 시카고의 한 변호사가 『우리의 형벌 장치와 그 피해자』라는 책에 쓴 말이다. "단 한 번, 그 모욕적인 강요에 복종하고 나면 이후 많은 젊은이들이 차곡차곡 범죄 경력을 쌓는 길로 나아가게 된다."라고 주장하면서 올트겔드는 어린 범법자가 겪을 법한 경험으로 독자들을 이끈다. 그 시작은 어린 나이에 부랑죄나 치안 문란과 같은 경범죄로 체포된 후 기소되는 것이다. 이렇게 해서 경찰서 유치장에서 나이가 많은 흉악범들과 함께 밤을 보낸다. 올트겔드는 형사 사법제도를 "빻아 댈 곡식을 어떻게든 마련하는 거대한 제분소, 밖에서 끌어들인 희생자들을 완전히 삼켜 버릴 때까지 빙글빙글 돌아가는 소용돌이"에 비유했다.*

올트겔드는 저명한 두 개혁가 루시 플라워와 줄리아 래스롭이 이끄는 운동에도 참여했다. 이들의 노력 덕분에 1899년 미국 최초의 소년 법원이 일리노이주 쿡 카운티에 등장했다. 어린 범죄자들

188

은 성인과 다르다는 게 이 개혁가들의 주장이었다. 청소년은 어른이 되는 과정에 있고 순응성이 높기 때문에, 법이 처벌 수단에 머무르지 않고 엄격하지만 사랑이 충만한 부모 역할을 담당한다면 소년범들을 올바른 길로 돌아가도록 이끌 수 있다는 것이다.

소년범은 성인 범죄자들과 근본적으로 다르다는 이런 관점은 그 후 80년 동안 유지되었다. 그런데 1980년대 후반부터 1990년대 초반에 이르러 범죄가 급증하면서 상황이 반전되었다. 도시마다 크랙 코카인과 총기가 흘러넘쳤고 영역을 두고 여러 갱단이 전쟁을 벌였다. 15~17세 청소년의 폭력 범죄 발생률이 두 배로 치솟은 가운데, 18~20세 청년 폭력 범죄율도 급증했다. 당시 프린스턴 대학교의 정치학 교수였던 존 J. 딜루리오 주니어는 과거의 치기 어린 십대와는 완전히 다른 새로운 종류의 소년 범죄자들이 우리 눈앞에 등장했다고 주장하면서 그들을 '초포식자'라고 불렀다.

"초포식자란, 지극히 충동적이고 죄책감이 없어서 두 번 생각 않고 사람을 죽이거나 강간 또는 신체 훼손을 저지를 수 있는 어린 소년 범죄자"라고 설명하면서 "아버지도, 종교도, 직업도 없는" 이런 십대 청소년의 수가 증가하고 있다고 딜루리오는 경고했다. 2000년대 중반에 이르면 그 수가 두 배, 세 배가 되어 전국적으로 폭력의 쓰나미가 일어날 것이라고 예언했다. 1996년에 발표한 칼럼 「나의 흑인 범죄 문제, 그리고 우리의 문제」에서는 "이러한 청소년 초포식자의 과반 정도는 어린 흑인 소년들이 차지할 것"이라고 썼다.

이에 대응하여, 특정 범죄의 경우 가해자가 청소년이더라도 일반 형사 법원으로 사건을 이관할 수 있는 법(Direct File)을 주 정부들이 잇달아 제정했다. 당시 미국 하원 의장이었던 뉴트 깅리치는 "폭력 범죄에 관한 한 소년범이라는 표현은 성립하지 않습니다. 당신이 누군가를 강간했다면, 당신은 이미 성인입니다. 누군가에게 총을 쏘았다면, 역시 당신은 성인입니다."라며 일갈했다.

캘리포니아주에서는 2000년 3월 유권자 62퍼센트의 찬성을 얻어 '주민발의안 21호'가 승인되었다. 갱단의 폭력과 차량 주행 중 총격에 강력 대응하기 위해 발의한 조치들 덕분에 여러 범죄에 대한 형량이 가중된 한편, 14세 이상의 범법자를 일반 형사 법원에 기소할지 여부를 결정할 수 있는 권한을 검찰이 확보하게 되었다. 이전에는 소년범을 성인으로 기소하려면 검사가 소년 법원 판사 앞에서 기소 방식의 적절성 여부를 다투는 심리를 거쳐야 했다. '주민발의안 21호' 덕분에 일부 사건에 관한 한 검사 스스로 결정할 수 있게 되었고, 다른 경우에도 그들이 바라는 방향으로 흘러갔다. 대부분의 성범죄를 포함하는 특정 범죄의 경우 이제 일반 형사 법원 기소가 의무화되었다.

'주민발의안 21호'가 통과되고 아홉 달이 지나자, 캘리포니아주 전체의 십대 범죄자 중 30퍼센트가 성인으로 기소되었다. 일부 카운티에서는 이보다도 훨씬 비율이 높았는데, 일례로 샌디에이고 카운티에선 2000년 말에 이르러 넷 중 세 명꼴로 소년범이 성인으로 기소되었다.

범죄를 저지른 청소년의 수가 증가했기 때문이 아니었다. 청소년 체포율은 1994년을 정점으로 계속 감소하고 있는 추세다. 살인, 강간, 강도, 중상해 등의 혐의로 체포되는 수치를 기준으로 FBI가 발표하는 청소년 폭력 범죄 지수는 오늘날 1980년보다 낮은데, 인종에 상관없이 전체 청소년 인구에서 일관되게 나타나는 현상이다. 실제로 흑인 청소년의 폭력 범죄 비율은 지난 20년 동안 60퍼센트, 살인 사건 비율은 82퍼센트 급감했다.

초포식자가 지배하는 묵시록적 재앙은 헛된 믿음에 불과했던 것이다.

그럼에도 공포심으로 제정한 많은 법들이 현재까지도 존치되고 있다. 2016년 캘리포니아주의 유권자들은 '주민발의안 21호'를 사실상 폐지했지만 여전히 많은 주에서는 관례대로 소년범을 성인처럼 다루고 있다. 해마다 미국 전역에서 약 25만 건의 청소년 범죄 사건이 일반 형사 법원으로 넘어온다고 추정된다. 캘리포니아에서는 이런 소년범 4분의 3이 '주민발의안 21호'로 얻은 재량권을 행사하는 검사들에 의해 이관된다. 하물며 이러한 재량권은 공평하게 행사되지도 않았다. 2012년에 캘리포니아주 법무부가 분석한 바에 따르면 검찰이 재량권을 행사한 이래 백인 청소년과 비교하여 일반 형사 법원에 기소된 흑인 청소년 수는 두 배 이상, 라틴계 청소년 수는 여섯 배 이상 많았다. 차별은 여기서 끝나지 않았다. 일단 일반 법정에서 재판을 받게 되면, 피부색이 검거나 갈색인 소년범들의 수형 기간이 길어질 가능성이 훨씬 높았다. 2012년에 백인 소년범의 3분의 1만이 성인 또는 소년 주립 교도소 징역형을 선고받았고, 3분의 2는 집행유예나 카운티 구치소 복역을 선고받았다. 유색인 소년범의 경우에는 이 비율이 뒤집혔다. 3분의 2가 주립 교도소 징역형을, 3분 1이 집행유예나 구치소 징역형을 선고받았다. 전국적으로 보면 수감된 아프리카계 미국인 소년범의 58퍼센트가 성인 교도소에서 복역하고 있다.

"그 애는 몹쓸 짓을 저질렀어요. 그 애를 두둔하려는 게 아니에요. 정말 끔찍한 잘못이었으니까요." 리처드가 기소된 후 재스민이 말했다. 그렇다고 해도 리처드는 아직 어린아이일 뿐이라고 그녀는 말했다. 아주 멍청한 실수를 저지를 수도 있지만, 그런 실수로부터 배울 수 있는 아이.

"종신형이라고요? 열여섯 살짜리에게? 말도 안 돼요." 재스민이 말했다. "아이가 자랄 수 있는 시간을 줘야 하잖아요. 왜 아이를 감옥에 가두고 그런 삶에서 벗어날 수 없도록 상황을 더 나쁘게 만드나요?"

---

* **올트겔드의 비유** 미국의 초기 소년사법 개혁가였던 올트겔드는 범죄자를 교정하기보다 반복해서 양산하는 미국의 형사 사법제도를 비판하면서 이런 방식은 사회를 범죄자로부터 보호하는 것이 아니고 궁극적으로 사회에 해가 된다고 지적했다.

재판 기일

11월 7일, 리처드가 처음 법원에 출두하는 날 기자들이 복도를 가득 메웠다.

"어떤 아이인가요?" 재스민, 리처드의 이모인 줄리엣, 그리고 딸과 이름이 같은 리처드의 외할머니가 엘리베이터에 들어가는 순간 누군가 외쳤다.

"걔는 착한 애예요. **아주 착해요.**" 외할머니 줄리엣이 말했다.

"그런 일을 저지른 이유가 무엇이라고 생각하십니까?" 다른 기자가 물었다.

"모르겠어요. 친구들하고 까불며 놀고 있었다는데, 우리가 아는 건 이게 다예요."라고 할머니가 다시 대답했다.

"리처드는 나쁜 애가 아니에요. 그 애는 장난이 좀 심해요. 그런 일을 저지르면 안 되는 거였는데. 너무 안타깝네요." 리처드의 이모 줄리엣은 다른 인터뷰에서 자신의 생각을 말했다.

재스민도 카메라가 꺼진 상태에서 언론과 인터뷰했다. "제 아들이 저지른 일에 대해서는 매우 죄송하게 생각합니다. 저는 아들을 그렇게 키우지는 않았어요."

가족들이 인터뷰한 내용은 이랬다.

하지만 사람들 귀에는 오직 이 말만 들리는 것 같았다. "그 애는 장난이 좀 심해요."

"누가 어떤 옷을 입었다고 해서 다른 사람에게 불을 놓는 짓은 장난이 될 수 없다. 도를 넘은 것이다. 앨러미다 카운티의 검사들이 올바로 판단하듯이 이는 중범죄다. [리처드는] 특이하게 옷을 입은 사람을 견디지 못한 까닭에 종신형을 받을 수도 있다는 사실에 대해선 분명 웃을 수 없을 것이다." LGBTQ 구독자들을 위한 신문인 《베이 에어리어 리포터》지가 사설을 통해 지적했다.

인터넷 게시판은 분노로 들끓었다.

"불을 지른 열여섯 살짜리 소년의 엄마에게. 어떻게 그런 짓을 장난이라고 표현할 수 있어요? 어떤 아이가 당신에게 불을 질러서 몸의 90퍼센트가 탔어도 장난이라고 넘길 겁니까? 당신 아들에게는 종신형이 마땅합니다! 살인미수이니까요!" 브라이언 웨일이라는 남자가 약자 괴롭힘에 반대하는 페이스북 페이지에 남긴 글이었다. 이 글이 받은 '좋아요'는 무려 160개였다.

전국의 모든 언론사 홈페이지, 블로그, 각종 게시판의 결론은 하나같았다. "그를 가두고 열쇠는 저 멀리 던져 버려라." "이왕이면 그의 엄마도 함께 가두라." 그나마 봐줄 만한 악플이 이 정도였다.

빙글빙글 도는 세상

세계가 중심축을 벗어나 버린 것만 같았다.

말도 안 되는 일이지만, 재스민은 정말 그렇게 느꼈다.

리처드가 누군가를 다치게 했다. 그것도 아주 끔찍하게. 아무 짓도 하지 않은 무고한 사람을.

리처드에게 머리끝까지 화가 났다. 로이드에게도 화가 났다. 자기 자신에게도 화가 났다. 이 사회에도 화가 났다. 어떻게 이런 일이 일어날 수 있지?

재스민은 사람들이 리처드에 대해 그리고 자신에 대해 어떻게 말하는지 알고 있었다. 한동안은 온라인 댓글을 읽었다. 줄리엣은 리처드가 체포된 일을 다른 사람에게 말하지 말라고 충고했지만 재스민은 숨기고 싶지 않았다. 리처드에 관해 묻는 사람들에게 재스민은 말했다. "뭔가 할 말이 있다면, 나쁜 말을 해야겠다면, 그건 하나님께 맡기고…… 그 애를 위해 기도해 주세요."

물려받은 책상

앨러미다 카운티의 지방 검사인 낸시 오맬리는 한때 연방 대법관을 지낸 얼 워런이 쓰던 육중하고 색이 짙은 목재 책상에서 일했다. 얼 워런은 연방 대법원을 이끌던 1954년, 브라운 대 토피카 교육위원회 사건에서 공립학교 내 인종 분리가 위헌이라는 기념비적인 판결을 주도한 인물이다. 얼굴이 동그스름한 금발의 검사 낸시 오맬리는 민첩하고 언행이 단호하며, 여성과 아동 권리의 수호자로 알려져 있었다. 그녀는 주로 성매매, 가정 폭력, 아동 학대 등의 범죄를 기소하는 데 주력했다. 거칠지만 대체로 공정하다는 좋은 평판을 얻고 있었다. 낸시 오맬리가 이끄는 앨러미다 카운티 지방검찰청은 캘리포니아주 내에서도 기소 재량권을 행사하는 비율이 가장 낮은 편에 속했다. 하지만 이번 '57번 버스' 사건의 경우 낸시 오맬리는 리처드를 성인으로 기소하는 데 아무 거리낌이 없었다.

"매우, 굉장히, 지극히 심각한 범죄입니다." 그녀가 설명했다. "선한 이웃이 돕지 않았다면 사샤는 어쩌면 목숨을 잃었을 수도 있습니다. 그는 백주 대낮에 공공 버스 안에서 사샤의 치마에 불을 붙였어요. 몹시 잔혹한 범죄입니다. 향후 피고의 행동이 개선되지 않고 재활에 실패한다면 그는 우리 사회에서 매우 심각한 존재가 될 것이고 모두에게 진정한 위협이 될 것입니다."

'위협'이라고 그녀는 표현했다. 왜냐하면 혐오죄는, 얼 워런 시대의 인종 분리와 똑같은 차별 행위니까. 그리고 얼 워런으로부터 물려받은 책상을 사용하는 사람으로서, 낸시 오맬리는 찾아내기만 한다면 여하한의 모든 차별과 맞서 싸울 준비가 되어 있었다.

"우리에게는 역사가 있습니다. 오랜 역사가 흐르는 동안 특정 사람들과 문화, 그리고 법에서 규정하는 여러 보호 계층이 인종이나 성별, 종교 때문에 끔찍한 대우를 받았지요. 누군가 보호 계층에 속하는 사람이라는 이유로 그 사람에게 잔혹한 범죄를 저지른다면 그것은 매우 의도적인 차별입니다. 우리 사회가 결코 용납할 수 없는 행동임을 보여 주어야만 합니다."

1980년대 중반까지만 해도 법은 편견과 혐오가 동기가 된 범죄 그리고 금전이나 열정 또는 지루함이 동기가 된 범죄를 굳이 구분하지 않았다. 살인은 살인이고, 기물 파손은 기물 파손일 뿐이었다. **혐오 범죄**라는 용어는 네오나치와 스킨헤드족의 폭력이 '유행병'으로 묘사되던 당시 그에 대응하여 생겨났는데, 돌이켜 보니 그러한 역병이 실제로 돌았었는지 여부도 불분명하다. 이후 편견이 동기가 된 범죄의 기소 건수는 꾸준히 감소했다. 인구가 약 3,900만에 이르는 캘리포니아주에서 혐오죄 기소 건수는 2003년을 기점으로 48퍼센트 감소했고, 2012년에 혐오죄로 기소된 사건은 단 158건에 불과했다.(그러나 편견으로 인한 범죄는 대체로 신고하지 않는 경향이 있으므로 실제 숫자는 통계 수치보다 훨씬 더 많다고 보아야 한다.)

기소 건수는 줄었지만, 널리 주목받는 혐오 범죄는 편견과 싸우는 데 있어 중요하며 강력한 서사를 제공한다. '편견'을 졸이고 졸였을 때 남는 고갱이, 가장 사악한 본질이 바로 혐오 범죄이다. 흑인이나 동성애자, 트랜스젠더를 고용할지 말지 잘 모르겠다고 하는 사람들도 상대가 흑인이거나 동성애자, 트랜스젠더이기 때문에 공격하는 건 근본적으로 옳지 않다고 생각할 수 있다. 세간의 이목을 끄는 혐오죄에 대한 기소는 편견의 한가운데 숨은 원초적인 추악함을 드러냄으로써 사회적 약자를 향한 공감대를 형성하는 데 도움이 되어 왔다. 아마도 앨러미다 카운티 역사상 혐오죄로 기소하여 가장 주목받았던 사건은 2002년에 발생한 그웬 아라우호 사건일 것이다. 네 명의 남성이 그웬 아라우호라는 십대 트랜스젠더를 살해한 혐의로 기소되었는데, 자신들이 어울렸던 그웬이 생물학적으로 남성임을 알고 난 뒤 저지른 범죄였다. 이 사건을 계기로 캘리포니아 주 의회는 '그웬 아라우호 희생자를 위한 정의 법'을 통과시켰다. 심리에 앞서 배심원단에게 피해자, 피고 또는 증인의 성 정체성에 대한 편견이 평결에 영향을 주어서는 안 된다고 주지시키는 법이었다.

대다수 혐오 범죄자는 까슬까슬하게 깎은 머리에 날카롭게 쏘아보는 눈, 나치 문신을 새기거나 남부연합 깃발이 그려진 티셔츠를 입은 외톨이라는 고정관념에 들어맞지 않는다. 연구자들이 추정하기로 조직적인 혐오 집단에 소속된 범죄자 비율은 채 5퍼센트가 되지 않는다. 오히려 방과 후에 떼 지어 돌아다니는 십대나 이십대 초반의 젊은 청소년들이 대부분이다. 1990년대 초반 보스턴에서 진행한 혐오죄 기소 사건에 대한 연구 결과를 보면 범법자의 3분의 2는 '스릴 추구형'으로 분류되었다. 다시 말해, 사회적 약자라고 여기는 타인을 상대로 "재미 삼아 장난치는" 또래 집단이었던 것이다. 더불어 연구자들은 이러한 범죄자 중 상당수가 피해자에게 특별한 편견을 갖고 있지 않았다는 사실을 발견했다. 다만, 보다 편견이 심한 또래의 리더를 추종했던 것이다.

캘리포니아 주립 대학교 스타니슬로스 캠퍼스의 형사행정학과 교수인 필리스 B. 거스텐펠드에 따르면 대다수 혐오 범죄는 "피해자보다는 가해자, 그리고 그들의 불안정성(청소년기에 일반적으로 겪게 되는 현상)과 관련이 있다"고 한다.

낸시 오맬리가 2013년 11월 놀라운 편지를 받은 것도 같은 이유에서인 것 같다. 편지의 발신자는 리처드를 성인으로 기소하겠다는 오맬리의 결정을 당연히 지지하리라 예상했던 두 단체인 전미레즈비언인권센터와 트랜스젠더법률센터였다.

"청소년기의 충동성과 빈약한 판단력으로 인해 끔찍한 결과가 초래되었다고 해도 성인에 맞추어 정한 답을 적용한다는 건 이치에 맞지 않습니다." 북부캘리포니아미국시민자유연합을 대표해서 보낸 것이기도 한 이 편지에서 그들은 이렇게 주장했다. "오히려 이러한 상황에서는 아이들이 어른과 다르다는 사실을 분명히 기억해야 합니다."

편지는 다음과 같이 끝맺었다. "성인 범죄자에게 맞춘 처벌을 소년 범죄자에게 적용하지 않고도 혐오 범죄 피해자를 보호하겠다는 검찰청의 약속을 증명할 수 있으리라고 우리는 확신합니다."

청소년기의 영향

"아이는 어른과 다르다"고 말할 때, 이 말은 정확히 무슨 뜻일까? 열여섯 살을 '아이'라고 볼 수 있을까? 이 정도 나이면, 이성을 가진 사람은 다른 사람의 옷에 불을 지르고 돌아다녀서는 안 된다는 사실 정도는 알 수 있다. 이 사건에 대해 인터넷상에서 자신의 생각을 밝힌 여러 네티즌들의 주장도 대개 비슷했다.

"그는 열여섯 살이나 먹었어요. 열 살이 아니고요. 다른 사람을 죽이려는 시도가 나쁜 짓이라는 걸 여태 이해하지 못했다면, 너무 늦었네요. 사람은 고쳐 쓰는 것이 아니랬어요. 짐승처럼 행동한다면 짐승처럼 대우해 줘야 해요." 한 네티즌은 이렇게 썼다.

"열여섯 살인데 아직도 '안 되는 이유'를 설명해 주어야 한다면, 장차 주변 사람들에게 위협이나 저주가 될 수밖에 없을 겁니다." 이렇게 쓴 사람도 있었다.

순전히 '지능'의 관점에서만 보자면 십대 청소년도 성인만큼 똑똑하고, 합리적인 사리 분별이 가능하며, 위험한 행동이 초래할 결과도 충분히 알 수 있는 게 사실이다. 하지만 청소년기에는 또 다른 기제가 작동한다. 청소년이 성인에 비해 보다 무모하고 충동적이며, 또래 압력에 취약한 경향이 있음을 많은 사람들이 관찰을 통해 확인해 왔다. 십대의 뇌 구조를 보면 청소년기에 나타나는 이런 특징적인 행동 양상을 일부나마 설명할 수 있다.

우리 뇌의 일부분을 구성하는 대뇌변연계는 주변 환경 속에서 우리가 주의를 기울여야 하는 사물이나 상황을 탐지하고 어떻게 대응해야 할지 파악하여 '피해!' '살펴봐!' '먹어!' '싸워!' '꼬셔!' 등과 같은 감정 신호를 보내는 역할을 한다. 사춘기 무렵부터 변연계는 자극에 매우 예민해지는데, 이런 변화는 십대들이 감정에 휩싸이는 경향이 강해지고, 새롭고 강렬한 경험에 관심이 많아지는 여러 이유 중 하나다.

한편, 청소년기 동안 두뇌는 미엘린이라고 부르는 인지질 성분의 피막으로 중요한 신경 연결 통로를 부지런히 감싼다. 미엘린은 흔히 전선을 감싸는 플라스틱 피복제에 비유되고는 한다. 미엘린초라는 피복을 형성해 신경 회로를 절연 상태로 만들면, 그렇지 않은 회로에 비해 100배 이상 빠르게 전기 신호를 전달할 수 있다.

우리 두뇌에서 미엘린초가 가장 마지막으로 형성되는 부위가 바로 추론·계획하고 감정을 억제하는 기능을 담당하는 전전두엽 피질이다. 그래서 감정이 급발진하는 청소년기에도 이성과 논리는 여전히 제한속도를 따르는 셈이다.

그 결과, 일상적인 상태에서는 십대 청소년도 어른만큼 성숙하고 합리적이며 이성적인 결정을 내릴 수 있지만, 심리학자들이 '뜨거운 인지'라고 부르는 강렬한 감정이나 스트레스 조건하에서 이들은 상당히 끔찍한 판단을 내릴 수도 있다. '뜨거운 인지'가 작동하는 상황에서 십대는 전전두엽 피질보다는 대뇌변연계에 의존하여 결정을 내릴 가능성이 더 크다. 또래와 함께 있는지 여부는 감정적 긴장도를 높이는 요인 중 하나로 작용하므로 또래 압력을 받는 청소년은 잠시 멈추어 결과를 예상해 보는 것이 아니라, 무모하게 위험을 감수하며 단기적 보상을 추구할 가능성이 매우 높다.

거스텐펠드 교수가 관찰한 바에 따르면 "매우 영리하고, 악의 없는 십대라 해도, 특히 또래 친구들과 함께 있을 때는 장기적으로 생각하지 못하는 경향이 있다."

사람들은 성장하면서 심리적 압력을 받는 순간에도 신중한 결정을 내리는 데 점차 능숙해진다. 연구 결과를 보면, 청소년기에 열 배씩 증가했던 반사회적 행동이 이십대 초를 기점으로 점차 줄어들기 시작하는 경향성이 전세계적으로 공히 확인된다.(범죄학자들은 이것을 '연령-범죄 곡선'이라고 부른다.)

그런데 이런 경향성이 항상 적용되는 것은 아니다. 어떤 사람은 어린 나이에 저지르기 시작한 범법 행위가 주거 침입에서 강도로, 살인으로 이어지며 계속해서 수위를 높여 가기도 한다. 문제는, 나이가 들면서 성숙해질 아이가 누구인지, 중범죄자로 성장하기 전에 준비운동을 시작한 애송이 범법자가 누구인지를 미리 예측할 방법이 전혀 없다는 것이다. 소년사법 전문가인 배리 펠드 법학 교수는 "열여섯 살 아이가 앞으로 교정이 불가능할 정도로 타락한 범죄자가 될지 어떨지 여부를 가늠할 방법은 없습니다."라고 설명했다.

그렇다면 우리는 편견으로 인한 범죄를 저지르는 청소년들을 어떻게 바라보아야 할까? 이런 범법 소년들은 남은 생애 동안 반사회적인 '꼴통'이 될 가능성이 있는, 고치기 힘든 심각한 성격 결함을 타고난 아이들일까? 아니면 단순히 동조에 대한 집착, 집단 정체성, 또래에게 인정받기 등의 특징이 새로운 위험과 감각을 추구하는 성향과 결합한 결과, 청소년기 최악의 단면이 발현된 것일까?

그것도 아니라면 이런 청소년들은 그저 인생의 갈림길에 서 있는 것일까? 다음에 일어날 일에 따라 미래가 결정되는 갈림길에?

뉴욕 대학교 산하 범죄사법연구소의 소장이자 혐오죄 관련 법률 전문가이기도 한 제임스 B. 제이콥스는 이렇게 설명한다. "혐오죄 법안들을 지지하는 사람들은 자유주의자들입니다. 그런데 동시에 이들은 대량 투옥 정책의 열혈 반대자이기도 합니다. 이런 식으로 아이러니 위에 새로운 아이러니들이 쌓여 갑니다. 이 문제에 대한 해결책이 구금이라고 주장하지만, 사실 교도소야말로 반사회적인 태도를 양성하기에 딱 좋은 인큐베이터라고 할 수 있거든요."

보틴 병원에서의 생활

첫 수술은 곧 두 번째 수술로 이어졌다. 그로스먼 박사는 피부 이식이 가능할 만큼 사샤의 상처 부위가 충분히 깨끗하지 않다고 판단해 죽은 조직을 더 많이 잘라 내야 했다. 몇 가지 변화가 새로운 일상이 되었다. 사샤가 입원한 지 일주일쯤 지나자 데비와 칼은 오전 근무만 하고 오후 2시경 병원에 와서 저녁까지 사샤와 함께 있었다.

사샤는 책을 읽거나 영화를 보는 일에도 집중할 수 없었다. 선잠을 자거나 멍하니 텀블러 페이지를 넘기거나 다음 진통제 투약까지 얼마나 남았는지 헤아리며 시간을 보냈다. "아침에 너를 침대 밖으로 불러내는 건?" 한 사람에게서 다음 사람으로 전달되는 텀블러의 '너를 알아가기' 질문 목록에서 한 친구가 사샤에게 물었다.

"예전에는 버스를 놓치고 학교에 지각하는 게 싫다는 마음? 지금은 간호사들이 나를 욕조로 데려가려고 깨워"라고 사샤가 적었다.

사샤는 커다란 스테인리스스틸 욕조에서 목욕하는 시간을 하루 중 가장 좋아했다. 공식 명칭은 '수치료법'으로 상처 부위를 깨끗하게 유지하고 감염을 예방하는 것이 목적이라고도 했는데, 사샤에게는 따뜻한 물과 수건만 기억에 남았다. 마약성 진통제인 딜라우디드 투약만을 고대하며 침대에 누워 있어야 하는 지루한 일상에서 수조 안에 떠 있는 동안만큼은 반가운 기분 전환의 시간이었다.

친구들이 병문안을 왔다. 노란색 일회용 가운을 입고 양손에는 파란색 라텍스 장갑을 끼고 얼굴까지 마스크로 가렸다. 방문객은 한 번에 두 사람까지만 허용되었다. 니모와 마이클이 제일 먼저 왔다. 며칠 후 힐리가 티아와 함께 방문했다. 친구들이 올 때마다 먹을거리를 가져오기에 사샤는 그러지 말라고 일러두었다. 그럼에도 아이들은 버클리까지 가서 사 온 채식 초밥 같은 특별한 먹을거리를 가져왔다.

친구들의 방문이 반갑기는 했지만, 사샤는 무엇보다 집으로 돌아가고 싶었다. 병원에서는 잠을 자기 힘들었다. 병실 안은 지나치게 덥지 않으면 지나치게 추웠고, 어디선가 끊임없이 정체불명의 소음이 스며들었다. 한동안 남자 한 명과 병실을 같이 썼는데, 이 환자는 인위적 혼수상태에 빠져 있었다. 그에게 연결된 인공호흡기에서는 쉿, 쉿 소리와 쿵, 쿵 소리가 규칙적으로 났다. 다음 룸메이트는 몸의 절반 이상 화상을 입은 환자였다. 집에 불이 났는데 반려견을 구하려고 집 안으로 다시 뛰어들어 갔다가 화마를 피하지 못했다고 했다. 처음 들어왔을 때 남자는 상냥하고 수다스러웠다. 사실 사샤가 원하는 것 이상으로 수다스러웠다. 그런데 화상 부위가 감염된 후로 차츰차츰 조용해지기 시작하더니 밤마다 자면서 신음 소리를 내고 알 수 없는 말을 중얼거렸다.

병문안 미루기

앤드류는 병문안을 가지 않았다. 가려는 생각은 했다. 하지만 계획한 날이 닥치면 가지 못할 핑계가 생겼다. "엿 같은 제 기분을 제쳐두었다면 갈 수도 있었어요. 사샤를 위해 병원을 찾았겠지요."

'엿 같은 기분'이란 둘 사이에서 자신이 사샤만큼 좋은 친구가 아닐지 모른다는 걱정과 관련이 있었다. 그해에 앤드류는 처음으로 진짜 남자친구가 생겼다. 전적으로 건전하다고는 할 수 없는 방식으로 모든 걸 쏟아붓는 관계였다. 함께 어울릴 때면 사샤는 세 번째 바퀴처럼 겉돌았다. 사실 앤드류와 사샤는 학교가 달랐고 사귀는 친구도 달랐으므로 서로 멀어지는 건 지극히 자연스러웠다. 한때 사샤가 앤드류에게 세상에서 가장 소중한 존재였다는 것, 그리고 더 이상 사샤와 가까운 사이가 아니라는 현실이 기분 나쁘고 거북하게 느껴진다는 것만 제외한다면. 마치 자신의 잘못이기라도 한 것처럼 말이다. 그리고 그런 기분을 느낀다는 게 다시 불쾌하고 못마땅했다. 그러니 자신이 병원에 나타나는 게 불편한 일일 수도 있었다.

그런 한편 앤드류는 2년 전 9학년이 시작된 직후에 우울증으로 입원했을 때 사샤가 병문안 왔던 걸 생생하게 기억하고 있었다. 사샤는 앤드류의 열다섯 번째 생일에 맞추어 병원을 찾아왔고 선물도 주었다. 화방에서 쓸 수 있는 기프트 카드였다. 그날 사샤의 얼굴을 봐서 정말 좋았다. 사샤는 매우 명랑했다. '이런 표정을 지어야지.'라며 작정하고 짐짓 명랑한 체하는 것이 아니라, '네가 괜찮아 보여서 정말 다행이야.'라고 생각하는 게 느껴졌다.

이제 상황이 뒤바뀌었으므로, 앤드류가 할 수 있는 최소한의 일은 호의에 보답하는 거였다. 맙소사, 그냥 **가 보자.** 병문안을 가야 마땅했다. **가려고 했다.** 내일 사샤를 보러 갈 거야. 늦어도 다음 주에는 가야지.

하지만 결국 그렇게 하지 못했다.

"그 병실에 어떻게 들어갈지 모르겠더라고요." 훗날 앤드류가 말했다. 사샤가 그곳에, 병원 침대 위에, 화상을 입은 채로, 누워 있을 테니까. 사샤를 본다는 상상만으로도, 성별 이분법을 따르지 않는 사람들에게 일어날 수 있는 일을 직접 눈으로 확인한다는 생각만 해도 두려운 나머지 앤드류의 손바닥이 축축해졌다.

"병원에 찾아간다고 해서 제가 위험에 처하는 게 아니란 걸 물론 알았죠. 그건 바보 같은 생각이란 걸요. 그런데도 '이건 우리 같은 사람들을 겨냥한 짓이야. 이게 현실이야.' 이런 생각이 자꾸 드는 거예요."

208

첫 번째 편지

2013년 11월 8일

피해자 분께,

내가 저지른 일과 나 때문에 당신과 당신 가족이 고통을 겪게 된 것을 사과합니다. 내가 한 일은 잘못된 짓이었습니다. 제가 잘못했어요. 당신에게 그런 짓을 저지를 이유가 하나도 없었는데 그때 내 머릿속이 어떻게 됐는지 나도 잘 모르겠어요. 난 괴물은 아니에요. 난 마음이 따뜻한 사람이에요. 당신에게 상처를 준 거처럼 다른 사람에게 상처 주는 일을 생각도 해 본 적 없었어요. 무슨 일이 일어났는지 생각할 때마다 내가 저지른 일에 대해 매우 미안해한다는 사실을 당신이 알아 주었으면 좋겠어요. 당신이 잘 치료받고 회복되어 행복한 삶을 살기를 기도합니다. 저를 용서해 주세요. 내가 원하는 것은 그뿐입니다. 내 행동에 대해 책임지고 모든 결과를 받아들일게요. 당신과 당신 가족에게 행운이 따르길 빕니다. 제가 감옥에 있기 때문에 이런 편지를 쓰는 게 아니에요. 한 마디, 한 마디 제 진심입니다.

사랑을 담아, 리처드 _____

209

서류 가방 속으로

리처드가 체포되고 며칠 만에 온 가족이 돈을 박박 긁어모아 그의 대리를 맡을 변호사를 고용했다. 앨러미다 카운티 법원에서 활동하며 언론이 주목하는 사건을 여러 번 수임했던 40년 경력의 노련한 변호사 빌 듀보이스였다. 그는 2002년 십대 트랜스젠더 그웬 아라우호를 살해한 가해자 중 한 명의 변호를 담당하기도 했다.

변호인을 처음 접견했을 때 리처드는 사샤에게 보내는 손 편지 두 통을 전달했다. 하나는 11월 8일에, 다른 하나는 11월 11일에 쓴 편지였다. 듀보이스는 편지를 받아 자신의 서류 가방 속으로 밀어 넣었다. 유죄를 인정하는 내용이 편지에 포함되었기에 사건이 완전히 종결될 때까지 편지를 사샤에게 보낼 수 없다고 변호인으로서 판단한 것이다.

결국 이 두 통의 편지는 그로부터 14개월이 지나서야 사샤에게 전해졌다.

사샤를 위해 치마를

11월 8일 금요일, 메이벡 고등학교의 교직원과 학생 일동이 치마를 입고 등교했다. 심지어 힐리까지도. 힐리에게는 치마가 한 벌도 없어서 연극 의상으로 사용했던 앞치마를 덧입었다. 이언은 치마 아래 무릎까지 오는 양말, 헌팅캡, 조끼까지 할 수 있는 최선을 다해 평소의 사샤와 똑같이 입었다. 니모는 청바지 위에 타탄 치마를 입었다. 마이클은 언제나처럼 카키색 재킷과 재색 비니 차림에 검정색 미니스커트를 입었다. "사샤를 위해 치마를"이라고 쓴 손 팻말을 들고 있는 메이벡 고등학교 학생들을 새너제이의 《머큐리 뉴스》 소속 사진기자가 촬영했고, 이 사진이 수십 개의 LGBTQ 게시판과 약자 괴롭힘에 반대하는 블로그에 공유되었다.

그로부터 딱 일주일 후에는 메이벡 고등학교와 오클랜드 고등학교 학생들을 포함한 약 150명의 시민들이 달빛 아래에서 57번 버스 노선을 따라 행진했다.

그 전주에 리처드와 로이드가 버스에 올라탔던 길모퉁이가 행진의 출발점이었다. 텔레비전 카메라들이 몰려들어 최고의 장면을 담기 위해 서로를 쓰러뜨리다시피 하며 열정적으로 자리를 다투었다. 메이벡 고등학교 학생들은 호기심 어린 눈길로 오클랜드 고등학교 학생들을 흘끔거렸다. 이 두 학교의 아이들은 이전까지 서로 만난 적이 거의 없었다.

"잠깐이기는 했지만 메이벡 학생들은 오클랜드 고등학교에 크게 화나 있었어요. 하지만 이내 사샤에게 불을 놓은 그 녀석과 오클랜드 고등학교 학생들을 별개로 생각하게 되었지요." 마이클이 당시를 회상하며 말했다.

둥둥 울리는 북소리가 배경음악이 되었다. 머리 위에서 두 두 두 소리를 내며 방송사 헬리콥터들이 날고 있을 때, 행진하던 시민들은 오클랜드 고등학교와 사샤가 평소 내리던 곳 사이의 버스 정류장 기둥마다 무지개 빛깔 리본을 묶었다. 사람들은 손에 풍선, 야광 막대, "모두를 포용하라" 또는 "우리가 사샤다!"라고 쓴 손 팻말을 들었다.

"쾌유를!"이나 "우리는 너를 미치도록 사랑해, 사샤!"라고 쓴 팻말도 있었다.

두 번째 편지

2013년 11월 11일

친애하는 _____ 귀하

다시 저, 리처드 _____입니다. 아직도 매우 미안하다고 말하고 싶고, 당신이 빨리 낫기를 바랍니다. 지난밤에는 악몽을 꿨어요. 식은땀을 흘리며 사라하다 잠에서 깼습니다. 당신이 본래의 생활로 돌아가기를 진심으로 바랍니다. 어제 법원에 갔었어요. 아직도 나를 괴물로 보는 사람들이 있지만 난 괴물이 아니에요. 알고 보면 착한 애예요. 우리가 서로를 알 수 있었다면 당신도 분명 좋은 사람이었을 거예요. 내가 저지른 일을 후회하고 있어요. 당신 옷이 그렇게 불타오를 줄은 미처 몰랐어요. 그렇다 해도 제가 그런 짓을 저지를 까닭은 없었지요. 내 머릿속에서 무슨 일이 벌어졌는지 모르겠어요. 전 어리석은 폭력을 저질렀고 그로 인해 벌을 받게 될 거예요. 모든 결과를 받아들입니다. 당신이 이런 일을 당할 이유가 없었으니까요. 사실 당신이 누구인지도 몰랐고, 아직도 모르니까요. 직접 만나서 사과할 수 있기를 바랐어요. 나는 심각한 증상해와 혐오죄로 기소되었어요. 상해는 인정하겠지만 혐오는 아니에요. 전 동성애자인 사람들과 아무 문제도 없어요. 동성애자 친구도 있는데 잘 지내요. 그러니까 당신의 성 정체성 때문에 당신을 잘못 볼 일은 없어요. 당신이 그렇다는 건 아니지만 당신이 남자를 좋아한데도 상관없었을 거예요. 나 때문에 당신과 당신 가족이 고통을 얻은 데 대해 용서해 주시길 바랍니다.

난 깡패도 갱도, 폭력배도 아니에요. 리플도 아니죠. 전 끔찍한 실수를 저지른 아프리카계 미국인 남성일 뿐이에요. 난 당신과 당신 가족에게만 상처를 준 것이 아니었어요. 내 가족과 친구들, 내 나라에도 부끄러운 일을 저질러 상처를 주었지요. 앞으로 받을 벌은 견디기 힘들 거예요. 전 감옥에 어울리는 사람이 아니거든요.

성경(예레미야서 1:5)에 "내가 너를 모태에 짓기 전에 너를 알았고 네가 배에서 나오기 전에 너를 성별하였고 너를 여러 나라의 선지자로 세웠노라" 하셨습니다.

'세우다'라는 말은 누군가 또는 무엇인가를 특별한 목적을 위해 바친다는 뜻입니다. 제가 선지자란 뜻이 아닙니다. 제 말은, 하나님은 우리가 무엇인가 되기 전에 이미 우리를 아셨고, 우리 모두를 위해 예정하셨습니다. 하나님은 악한 분이 아니니까 그 계획이 나쁠 수 없고 우리는 나쁜 짓을 저지르도록 만들어지지 않았습니다. 내가 왜 그런 짓을 저질렀는지 도통 알 수가 없지만 저를 악마라 생각하지 않았으면 좋겠습니다. 사실 전 착한 사람입니다. 나도 아무 이유 없이 상처받은 적이 많았습니다. 내가 당신에게 상처 준 것처럼은 아니었지만 신체적으로 정신적으로 상처받아 왔고 그래서 어떤 기분일지 알아요. 나도 여러 번 겪어 봤기 때문에 '왜 나지?' 하는 고통

214

과 혼란이 어떨지 알 수 있습니다. 빨리 낫기를 바라고, 만나서 직접 사과할 수 있기를 고대하고 있습니다. 일주일에 편지 두 개를 쓸 생각이니 기다려 주세요. 당신을 위해 기도하겠습니다.

건강해지길 빌며

리처드 _____ 서명

우리 모두 서로를 돌봅시다

리처드는 더 이상 편지를 쓰지 못했다. 그런데 11월 11일, 이번에는 칼이 편지를 썼다. 자신이 유치원 교사로 일하는 세쿼이아 초등학교의 학부모와 교직원 일동에게 보내는 편지였다.

"우리 중 누구도 사샤의 옷에 불을 지른 사람의 마음이나 동기, 의도를 알 수 없다는 걸 반드시 명심해야 한다고 생각합니다."라고 그는 썼다.

버스 내 CCTV 영상을 토대로 오클랜드 경찰서에서 16세 고등학생 하나를 구금한 상황입니다. 제가 아는 한 현재까지 그 영상을 본 것은 경찰관들뿐입니다. 저도 보지 못해서 무슨 일이 일어났던 건지 그저 짐작만 할 따름입니다. 이 시점에서 저는 이 아이가 불장난을 했고, 얼마나 심각한 결과가 초래될지 과소평가한 것은 아니었을까 생각합니다. 달리 생각하시는 분들도 계실 테지만 이 모든 것이 단지 '추정'에 지나지 않습니다. 그래서 학생들에게 이 사건에 대해서 얘기할 기회가 있다면, 저는 화재 예방이 얼마나 중요한지 강조할 것입니다. "성냥이나 라이터를 가지고 놀지 마라."

그리고 옷에 불이 붙었을 때에는 "멈추고, 엎드려서, 굴러라." 하고 말하는 것도 잊지 않을 것입니다.

아울러 사샤의 성 정체성을 설명하는 말을 꺼내 놓았다.

에이젠더라는 건 단순하게 말해 '남자애도 여자애도 아니라고' 느끼는 사람을 뜻합니다. 어른들도 이해하기 어려운 개념이란 것을 알고 있습니다.(아내와 저도 인칭대명사를 자주 틀려서 사샤를 실망시키기도 합니다.) 그러니 모든 아이들이 이해할 수 있는 문제인 양 얘기할 수는 없습니다. 다만 사람들마다 좋아하는 게 다르다는 사실만은 아이들이 이해할 수 있고 또 그래야 한다고 생각합니다. 사람은 저마다 다르게 옷을 입고 다르게 행동하며 다르게 보입니다. 게다가 이건 '좋은' 일이지요. 사샤에게는 치마가 편한 옷이었습니다. 그 애의 패션 아이템 중 하나였지요. 넥타이와 조끼를 멋지게 차려입기도 합니다. 사샤는 그런 스타일을 좋아하고, 사실 저도 좋아합니다. 사샤다운 모습의 사샤는 저를 미소 짓게 만듭니다.

앞에서도 썼지만 우리 중 누구도 사샤의 치마에 불을 붙인 아이가 어떤 생각으로 그랬는지 알 수 없습니다. 하지만 그 아이가 사샤의 치마를 보고 독창적이고 아름다운 자아의 표현이라 여기고 '와, 이런 오클랜드가 너무 좋아.'라고 생각하며 미소 지었다면 제가 지금 이런 글을 쓰고 있지는 않았으리라는 아쉬움이 남습니다.

다시 한번, 여러분의 사랑과 친절에 감사드립니다. 우리 모두 서로를 돌봅시다.

— 칼 —

동성애 혐'호'

11월 15일, 리처드가 두 번째로 법정에 출두한 날 친척이 총출동했다. 그중에는 재스민의 사촌 레지스도 있었다. 키가 껑충하게 크고 중성적인 매력이 넘치는 레지스는 게이였다. 그가 언론과 인터뷰하지는 않았지만 그의 등장 자체가 완벽한 선언이었다. '여기 내가 있습니다. 나는 퀴어이고 내 사촌을 지지합니다.'라는.

법정 안에서는 기자들이 사샤를 어떤 말로 묘사해야 할지를 두고 한바탕 격론이 일어났다. 젠더플루이드? 젠더퀴어? 성별 비순응자? 에이젠더?

"난 그냥 그 남자애가 치마를 입고 있었다고 말해요. 용어는 시대에 따라 변하니까요." 한 기자가 어깨를 으쓱이며 말했다.

변호인 듀보이스가 리처드를 성인으로 기소하기로 한 결정에 이의를 제기할 계획이라고 발표한 것 말고는 법정 안에서 중요한 진전은 없었다. 법원을 나오면서 그는 기자들에게 질문을 받았다.

"제가 만나 본바 그 소년은 절대로 동성애 혐오자가 아닙니다. 무엇보다 동성애 혐오증homophobic의 철자도 정확히 모르는 그 애가

219

동성애 혐오자라는 건 말도 안 됩니다."

도대체 왜, 리처드가 왜 '동성애 혐오증'이라는 말을 입에 올렸는지를 두고 저마다 생각이 달랐다. '동성애 혐오증'이 무슨 뜻이냐고 리처드에게 물었더니 "내가 게이가 아니란 뜻이에요. 난 여자를 좋아해요."라고 대답했다고 듀보이스가 전했다. 경찰들이 듣고 싶어 하는 말을 해 주면 문제를 해결할 수 있다고 리처드가 생각했으리라는 게 재스민의 의견이었다. 이유가 무엇이든 리처드가 '동성애 혐오증'이라는 단어를 입에 올린 순간 이미 사달은 났다. 뉴스에서는 이 사건과 관련하여 새로운 상황을 보도할 때마다 '동성애 혐오증'이라는 단어를 언급했다.

"이건 범인이 누구인지를 찾아야 하는 추리소설이 아닙니다. '도대체 무슨 일이 일어난 거야?'라고 묻는 사건도 아니죠. 그 아이가 어떤 생각으로 그랬느냐, 그게 핵심입니다." 변호인 듀보이스가 말했다.

이 사건에 대해서 얘기할 때면, 회의하고 또 회의하는 변호사로서의 내력이 다하기라도 한 것처럼 듀보이스의 목소리에 차분함과 분노가 뒤섞였다. 경찰 신문 과정에서 드러난 리처드의 견해는 치마를 입은 한 소년을 보고 기이하게 여긴 것에 지나지 않는다고 그는 주장했다.

"경찰은 그 아이로부터 동성애 혐오증이라는 진술을 얻었다는 이유만으로 그 애를 스킨헤드쯤으로 분류하고, '우리는 그 말을 사실로 받아들이고 있습니다.'라고 발표하고 있습니다." 듀보이스는 이게 얼마나 어처구니없는 일인지 표현하려는 듯 눈을 동그랗게 뜨며 입을 딱 벌렸다.

"타인에게 린치를 가하는 것, **그게** 혐오 범죄이지요. [치마를 입는 것이] 변태적이라고 생각하고 장난을 치기로 한 아이가 혐오 범죄를 저지르는 게 아닙니다."

세상이 사샤에게 보낸 것

사샤가 병원에 입원한 다음 날, 어느 낯선 사람이 비단으로 만든 하얀색 장미 세 송이와 오렌지색 꽈리 네 줄기가 어우러진 꽃다발을 전해 주고 갔다. 화상을 입은 경험이 있는 여성이라 진짜 꽃은 감염 위험 때문에 화상 병동 반입이 안 되는 걸 알고 있었던 것이다.

비단 꽃다발은 시작에 불과했다. 수일에 걸쳐 사샤가 입원한 병원, 메이벡 고등학교, 사샤의 가족이 살고 있는 집으로 편지와 소포가 답지했다. 사샤의 사촌이 주도한 온라인 의료비 모금 활동으로 3만 1,000달러 이상의 기부금이 모였다.

"오늘은 뭘 받았어요?" 오후에 데비와 칼이 그날의 우편물을 가지고 병원에 오면 사샤가 묻곤 했다.

돌아온 대답은 때때로 매우 놀라웠다. 얼굴도 이름도 모르는 사람이 소액권으로 현금을 보냈다. 종이학. 부드러운 담요. 〈스타워즈〉 스티커. 〈닥터 후〉에 나오는 시공 이동 장치 '타디스' 그림. 스페인어로 쓰인 네 쪽 분량의 희곡. E. E. 커밍스 시집.

라이브액션 롤플레잉 게임 커뮤니티에서 알게 된 한 친구는 사샤를 위해 치마와 조끼 한 벌을 직접 만들어서 선물했다.

비영리 퀼트 협회인 이스트베이헤리티지퀼터스^{EBHQ}는 강렬한 보랏빛 퀼트 작품을 보내왔다.

'컨랭어' 동호회 회원들은 자신들이 발명한 언어로 쓴, 아름다운 캘리그래프 작품 같은 편지를 보내왔다.

캐나다에서는 단풍나무 잎사귀로 장식한 물건들을 보내왔다.

전미 조직인 고등학교 게이-스트레이트 동맹은 무지개로 장식한 카드를 보냈다.

손으로 직접 만든 카드, 상점에서 구매한 카드, 공책에서 뜯어낸 종이에 써서 접어 보낸 편지, 이메일 등이 엄청나게 쌓였다. 콜롬비아, 독일, 프랑스, 호주 등지에서 다음과 같은 내용이 담긴 편지가 왔다. "쾌유를 빌어요." "마음을 단단히 먹으세요." "스스로를 자랑스럽게 여기세요." "당신은 있는 그대로 아름다워요."

사샤는 그 어느 것에도 오랫동안 집중할 수 없었지만 그렇게 많은 사람들이 자신을 걱정한다는 사실을 알고 싶어 했다. 친구들이 보낸 카드는 병실에 보관했다. 비단 꽃다발도. 나머지는 모두 데비와 칼이 집으로 가지고 갔다.

사건이 난 후 몇 주 동안 데비는 주기적으로 사샤의 이름을 구글에서 검색해 보았다. 전 세계에서 이 사건이 어떻게 기사화되고 있는지 알고 싶었다. 한번은 검색을 하다 네오나치 사이트로 들어간 적이 있었다.

"그 사람들은 시련의 시간을 보내고 있었어요. 아프리카계 미국인이라고? '으악, 악마!' 하지만 이 트랜스 소년이 치마를 입고 있었다고? '웩!'" 데비가 그때의 경험을 말해 주었다.

"그들은 누구를 비방할지 고르질 못했어요. 네오나치 공동체로서는 난제였다고 할 수 있지요." 칼이 설명하면서 미소를 지었다.

우리는 혐오에 반대한다

그 애를 아는 사람이라면 누구도 그 사실을 믿지 못했다. 리처드가 실없기는 하지, 하지만 그 애가 누군가를 혐오한다고? 도무지 말이 되지 않았다.

"깜짝 놀랐어요." 교내 보안관 칼리타 콜린스가 말했다. "놀라서 뒤로 자빠질 뻔했어요."

옆에서 부추기는 바람에 리처드가 치마에 불을 붙였다고 소문이 돌았다. 괜찮다는 꾐에 넘어갔다고. "도대체 어쩜 그렇게 어린애 같은 실수를 저지를 수 있을까 이해가 안 됐는데, 다시 생각해 보니 아, 그 애는 이제 열여섯 살이지 싶더라고요." 콜린스가 말했다.

하지만 오클랜드 고등학교의 다른 구성원들은 콜린스처럼 생각하지 않았다. 리처드가 오클랜드 고등학교에 다닌 기간은 고작 두 달뿐이었다. 그 애를 아는 학생이나 교직원은 그리 많지 않았다. 대다수 학생들에게는 오클랜드 고등학교가 또다시 뉴스에 등장했다는 사실이 중요했다. 그곳에서는 좋은 일이 일어나는 법이 없다는 학교 평판이 중요했다. 누군가 '또라이' 짓을 저질러 뉴스에 날 때까지 아무도 관심을 기울이지 않는 학교 같았다.

"그 애는 흑인이고, 그런 사고를 쳤어요. 우리 학교 학생의 상당수가 흑인이에요. 사람들은 우리가 뭔가 잘못을 저지를 거라고 지레짐작한다고요." 오클랜드 고등학교의 축구팀과 야구팀에서 활동했던 이마리에이가 설명했다. "오클랜드 고등학교에 다닌다고 하면 사람들은 이런 식으로 반응해요. '아, 오클랜드 최악의 학교.' 그런 일이 벌어진 다음에는 잘 알지 못하는 사람들이 우리를 한통속으로 취급해요."

그러니 '아니요, 그렇지 않아요.'라고 분명하게 밝힐 필요가 있었다. 말하자면 우리는 리처드와 다르다는 것. "우리 학생이 사샤에게 저지른 것으로 언론에 보도된 행동은 끔찍한 일입니다. 우리가 알고 있는 오클랜드 고등학교 공동체의 진정한 가치를 대표하지 않습니다." 마틴 압델카위 교장이 교내 스피커를 통해 자신이 쓴 편지를 낭독했다. "우리 모두는 옳은 일을 실천할 수 있습니다. 그것이 불가능해 보일 때 더욱 힘써 실천해야 합니다. 모든 폭력 행위를 중단할 책임이 우리에게 있습니다. …… 오클랜드 고등학교의 학생들은 출신이 매우 다양합니다. 우리 오클랜드 가족은 전 세계 곳곳에서 왔습니다. 우리가 모범이 되어 서로의 차이를 존중하고 이해한다는 게 무엇인지 오클랜드 시민 전체에게 보여 줄 수 있다면 얼마나 멋진 일이 될까요?"

학내에서 혐오에 반대하는 'No H8(Hate)' 운동이 시작되었다. 학생과 교직원이 함께 힘을 모아 "사샤, 우리는 너를 지지해"라고 쓴 배너를 손수 만들었다. 한 학생이 주도한 모금 운동을 통해 사샤의 의료비로 800달러 넘는 돈이 모였다. 학생들은 종이학을 접어서 길게 이어 사샤에게 선물했다. 12월에 오클랜드 고등학교의 와일드캣츠 농구팀 선수들이 첫 홈경기를 치를 때 등에는 SASHA, 배 쪽에는 No H8라고 새긴 파란색 저지 셔츠를 입었다. 와일드캣츠 팀을 상징하는 파란색과 흰색으로 학생들이 직접 "우리 학교는 / 혐오를 지지하지 않아요"라고 쓴 포스터를 만들고 꽃술로 장식해서 체육관에 걸었다.

농구팀에서 뛴 학생 중 상당수가 리처드를 알았다. 그 애가 체포된 뒤로 연습할 때마다 리처드 얘기가 나오곤 했다. 리처드는 나쁜 아이는 아니고 단지 '추종자'라고 아이들이 말했다. 리처드가 평생 교도소에 갇힐 수도 있다니, 그건 옳지 못한 일 같았다. 그때 한 선수가 지금은 피해자를 생각해야 할 때라고 지적했다. 사샤가 겪은 일은 끔찍했다. "**누구에게도** 일어나서는 안 되는 일이었어. **네 가족**에게 그런 일이 생겼다면 어땠을까?"라고 그 선수가 물었다. 그래서 농구팀 아이들은 사샤를 지지하는 문구를 새긴 유니폼을 주문하기로 결정했다.

"우리는 혐오와 괴롭힘에 반대한다." No H8 유니폼을 입은 날, 경기에 앞서 로커룸에 모인 선수들에게 농구팀 코치 올랜도 왓킨스가 말했다. "오늘은 우리에게 중요한 경기다. 우리에게 승리가 필요하기도 하지만 그 승리가 단순히 농구 이상의 것을 상징하기 때문이지. 그러니 오늘 경기장으로 나가자. 더 열심히 뛰고, 더 집중하고, 우리가 할 일을 하자." 다소 풀이 죽어 듣고 있던 와일드캣츠 팀이 둥글게 원을 그리며 모였다.

"구호는 '노 헤이트'야. 내가 하나, 둘, 셋을 세면 다 같이 '노 헤이트'를 외치자." 주장인 키스가 말했다. "하나, 둘, 셋!"

"노 헤이트!"

아무도 잘 모른다

카프리스는 학교에 출근하는 것이 힘겨웠다. 오클랜드 고등학교에 근무하면서 학교를 자퇴하거나, 퇴학당하거나, 총에 맞거나, 임신한 아이들을 수없이 많이 봐 왔다. 하지만 리처드는 달라야 했다.

"그 애가 가려고 애쓰던 방향이 어딘지 알기 때문에 제 심정을 표현하기가 너무 힘들어요. 전 그 애가 우리 학교를 졸업할 거라고 믿었어요."라고 카프리스는 말했다. 학교 여기저기에 'No H8' 포스터가 나붙은 가운데 리처드에 대해 얘기하는 사람은 아무도 없었다. 교내 스피커로 편지를 낭독했던 압델카위 교장은 학생들에게 "현재 구속된 우리 학생에게도 연민과 관용을 보여 달라"고 당부하며 편지를 끝맺었다. 하지만 리처드의 친구들은 이곳저곳에서 발견되는 포스터 때문에 교장 선생님의 마지막 당부가 묻혀 버렸다고 생각했다. 이 아이들이 하나씩 카프리스의 사무실에 나타나 불만을 토로했다.

"사람들이 혐오 범죄라고 하더라고요. 하지만 리처드의 친척 중에도 게이가 있어요." 리처드의 친구인 리들이 말했다. "No H8 캠

229

페인은 찬성이에요. 하지만 리처드의 경우는 얘기가 달라요. 혐오가 아니에요. 그 애가 나쁜 짓을 범한 것은 맞지만 까불다 저지른 장난이었어요. 웃자고 벌인 사소한 장난 때문에 인생이 완전히 뒤바뀐 셈이지요."

리들이 보기에 바깥 세계의 사람들은 가난한 동네에서 자란 아이들이 아차 하는 순간, 그릇된 길로 빠질 수 있다는 사실을 전혀 이해하지 못하는 것 같았다.

"사람마다 주거 환경이 달라요. 다른 사람들에 비해 나은 환경에서 살아가는 사람들이 있어요. 그들은 좋은 동네에서 자랐고 가족 모두가 직업을 가졌겠지요. 수입도 좋고요. 그런 사람들은 이해하지 못해요. 자신들의 삶이 너무 좋아서, **누구에게나** 삶이 다 좋을 거라고 생각하죠. 우리 같은 사람들이 살면서 어떤 어려움을 겪어내고 있는지 이해하지 못해요. 가난한 동네엔 폭력과 범죄가 난무해요. 그런 가난한 동네에서 자라서 범죄와 마약밖에 보고 배운 게 없다면요? 가족 중에 전과자가 있다면요? 우리는 그런 환경에 영향을 받아요. 주위에 그런 사람들이 많으면 좋은 일을 하면서 살기가 어려워요."

"그냥 마음이 아파요." 셰리가 고개를 절레절레하며 말했다. "그렇게 가까운 친구가 어느 날 갑자기 인터넷이며 SNS상에서 이 사람 저 사람 입방아에 오른다면 어떻겠어요? 사람들은 별의별 말을 다 해요. 리처드가 고의로 그 사람을 불태우려 했다는 둥 '좋아, 게이네, 틀림없는 게이. 쟤를 불태우자' 했다는 둥. 리처드가 잘했다는

게 아니에요. 이러쿵저러쿵해도 결국, 그 애는 이제 고작 열여섯이
라는 거예요. 사람들은 잘 알지도 못하면서 저마다 한마디씩 보태
고 있다고요. 아무도 잘 몰라요."

서클

오클랜드 고등학교에서 No H8 운동이 하루하루 활발해질수록 리처드 친구들의 마음속에는 점점 화가 쌓여 갔다. 끝내 카프리스는 압델카위 교장을 찾아가 리처드의 친구들이 서로 감정을 공유할 수 있는 회복적 정의 서클을 구성해도 좋을지 허락을 구했다. 그러면서 오클랜드 고등학교의 교육 자원 전문가이자 게이-스트레이트 동맹의 교원 고문으로 활동하고 있는 에이미 와일더를 모임에 초빙했다. 에이미 와일더는 대학에서 젠더학을 전공했고, 당시까지 사샤에게 지지 의사를 표한 학생들과 함께 활동하고 있었다.

며칠 뒤, 수업을 마친 열 명 남짓한 학생들이 빈 교실에 모여 '서클'(원형)을 이루며 빙 둘러앉았다. 이 아이들은 사실 서로를 잘 알지 못했다. 리처드가 이들 사이의 유일한 공통 분모였다. 진행자가 이날의 '토킹 피스'talking piece로 선택한 초록색 경주용 자동차를 차례로 돌렸다. 자동차 모형을 넘겨받은 사람에게 발언권이 있었다. 다른 사람들은 조용히 경청해야 했다.

처음 몇 차례 경주용 자동차가 돌아가는 동안 장난기 어린 질문들이 이어졌다. "네가 슈퍼히어로라면 어떤 초능력을 갖고 싶어?" 서로를 조금씩 알아 가는 질문들이었다. 그러다 마침내 리처드에 대해 얘기하기 시작했다. 그 애가 어떤 까불이였는지, 얼마나 다정했는지, 그 애가 어쩌다 동성애자 친구를 됐는지. 동성애자인 그 애의 친척에 대해서도 얘기했다. 한 아이가 핸드폰 속에 저장해 둔 리처드 사진을 찾아냈다. 핸드폰을 돌려 가며 차례로 보았다.

핸드폰이 자기에게 전해졌을 때 와일더는 그제야 알아보았다. 그녀는 리처드의 눈동자를 기억하고 있었다. 개암색 눈동자.

몇 달 전에 학부모가 면담을 위해 방문했는데 학생의 어린 동생을 데리고 왔다. 제멋대로인 어린애는 통제 불능이었다. 벽을 타고 뛰어오르는 이 꼬맹이를 데리고서는 도저히 면담을 진행할 수 없었다. 그때 리처드는 카프리스 선생님의 사무실에서 막 나오던 참이었다. 리처드가 다가와 그 아이를 진정시키며 다독여 준 덕분에 무사히 면담이 이어질 수 있었다.

리처드 사진을 지긋이 바라보던 와일더의 눈에 어느새 눈물이 고였다. "너무 다정한 아이라서." 와일더가 눈물의 이유를 설명했다. "그리고 아직 어린 그 애가 맞닥뜨린 현실이 너무 심각해서요."

"와일더 선생님이 그때 일을 말씀해 주셨어요. 엄청났어요. 믿기 어려웠고요. 우리로서는 그 애에게 닥친 상황을 받아들이기가 너무 힘들었습니다." 훗날 카프리스가 말했다.

자리에 모인 리처드의 친구들은 단지 다른 사람들도 이해해 주기를 바랄 뿐이었다.

피부 결손

두 번째 수술을 받고 닷새 만에 사샤는 다시 수술실에 들어갔다. 그로스먼 박사의 수술 팀은 피부 절제기를 사용해서 사샤의 등에서 너비가 약 7, 8센티 정도 되는 피부 편을 여러 차례 벗겨 냈다. 그로스먼 박사는 들어낸 피부 조각을 메싱meshing 디바이스에 하나하나 통과시켰다. 잘라 놓은 피부에 그물처럼 미세한 구멍을 내서 보다 넓은 영역을 덮을 수 있게끔 늘이는 장치였다. 그런 다음 화상을 입은 부위를 덮고 의료용 스테이플러로 박아서 봉합했다. 피부 채취─메시─자리 잡기─봉합. 다시 피부 채취─메시─자리 잡기─봉합. 이 과정이 마무리되자 새 피부가 화상 부위를 덮었다. 하지만 이제 사샤의 등이 피부가 벗겨진 채 노출되었다. 통증이 엄청났다. 화상을 입은 부위보다 외려 등이 더 아팠다. 이를테면 산 채로 살가죽이 벗겨진 것처럼.

하나님은 선한 분

그 숙녀들은 마치 땅에서 솟은 것만 같았다. 11월 26일 세 번째 심리부터 셋이 나란히 앉아 재판을 참관했다. 나이가 들어 뵈는 백인 여성들로, 블레이저 재킷 안에 터틀넥 셔츠를 받쳐 입고 튀지 않는 단정한 구두를 신은 차림새가 흡사 수녀처럼 정갈해 보였다. 그들이 다가와 리처드가 걱정되어 찾아왔다고 말했다.

"끔찍한 범죄가 아니라는 뜻은 아닙니다. 하지만 아직 어린 소년을 어른으로 기소하려는 시도 역시 또 하나의 범죄이지 싶습니다."라고 그중 한 숙녀가 말했다.

법정 안에서 피고인들은 판사 왼쪽에 자리한 비좁은 칸막이 안에서 대기했다. 방청석의 맨 오른쪽 자리에 앉아 뺨을 벽에 대고 눌러야 겨우 피고인들의 모습을 볼 수 있었다. 세 번째 심리가 열린 날, 법정 안의 이런 사정을 알아낸 기자들이 리처드의 얼굴을 조금이나마 엿보겠다고 오른쪽 끝 좌석에 줄줄이 앉아 저마다 얼굴을 찌그리고 있었다.

재스민은 반짝이는 분홍색 립스틱을 바르고 등장했다. 검은색 레깅스에 Los Angeles라고 쓰인 티셔츠를 입었다. 표정은 밝았고 열의와 자신감이 넘쳤다. 재스민은 결국 모든 일이 잘 풀릴 거라고 굳게 믿었다.

"하나님은 선한 분, 하나님은 선한 분이다. 하나님은 무척 선한 분이다." 엘리베이터에 타서는 주문을 외듯 혼잣말을 했다.

"오늘 멋지네." 재스민의 사촌 레지스가 말했다. 변호인 듀보이스가 기자들과의 인터뷰를 마치고 오기를 온 가족이 복도에서 기다리고 있었다. "머리가 마음에 들어." 그러는 레지스 자신의 헤어스타일도 화려했다. 빨간색과 금색으로 가닥가닥 물들이고 직접 만든 붙임 머리도 달았다. 금색 재킷, 꽉 끼는 청바지, 스카프, 끈 달린 부츠 차림의 레지스는 매우 세련돼 보였다. 레지스와 재스민, 줄리엣은 매력 넘치는 삼총사였다. 리처드의 변호인이 새로운 소식을 알려 주기를 기다리며 이들은 이틀 앞으로 다가온 추수감사절에 어떤 요리를 해 먹을지 의논했다. 맥앤치즈, 얌 요리, 그들이 사랑하는 시금치 딥까지.

어느새 화제는 그즈음 뉴스를 통해 보도되고 있던 사건으로 이어졌다. 새너제이 주립 대학교 1학년인 아프리카계 미국인 도널드 윌리엄스 주니어가 방 네 개짜리 기숙사의 룸메이트였던 백인 학생들에게 잔인하게 괴롭힘 당한 사건이었다. 마찬가지로 신입생이었던 그 백인 학생들은 윌리엄스를 두고 자꾸 '5분의 3'이라고 불렀다. 각 주를 대표할 하원 의원 수를 인구 비례로 결정할 때 노예를 온전히 한 사람으로 보지 않고 5분의 3명으로 계산한 수정헌법 이

236

전의 미국 헌법을 들먹이며 놀린 것이다. 게다가 도널드 윌리엄스의 목에 자전거 자물쇠를 채우고는 열쇠를 잃어버렸다며 풀어 주지 않았다. 공동으로 사용하는 기숙사 거실에 놓인 화이트보드에 "깜둥이"라고 쓰기도 했고, 엘비스 프레슬리 입간판 위에 남부연합기를 걸쳐 놓기도 했다. 도널드 윌리엄스를 방에 가둔 적도 있었다. 그러면서 이 모두가 악의 없는 장난일 뿐이라고 주장했다.

결국 18세의 백인 학생 셋은 윌리엄스에게 저지른 일 때문에 퇴학당했고, 17세인 학생은 정학 처분을 받았다. 퇴학당한 세 학생은 형사 법원에도 기소되었다. 혐의는 혐오죄가 가중된 경범죄 폭행으로 최고 형량이 카운티 구치소에서 징역 1년 6개월이었다. 배심원단은 세 명의 폭행 혐의에 유죄 평결을 결정했다. 그런데 배심원 한 명이 한 학생에 대한 혐오죄 혐의를 무죄로 결정하여 평결 불능 상태에 이르고 말았다.

"들었어? 그 녀석들은 **경범죄**래." 레지스가 말했다. "아무도 중죄로 기소되지 않았어. 백인 청년 셋이서 흑인 청년 하나를 괴롭혔는데 말이지."

꼭 나여야만 했을까?

리처드의 세 번째 심리가 진행된 다음 날, 방화 사건이 일어난 지 23일 만에 사샤가 병원에서 퇴원했다. 이번에는 기자들이 사샤의 집 현관문 앞에서 장사진을 이뤘고 서로 밀치며 자리를 다퉜다. 심지어 방송국 헬리콥터까지 떠서 사샤의 집 상공을 선회했다.

사샤는 붕대를 감은 다리 위에 치마를 입고 지역 방송사와 인터뷰했다. "에이젠더가 뉴스에 나온다는 사실에 흥분되고 기뻤어요." 훗날 사샤가 당시의 소회를 밝혔다. "하지만 제가 처했던 상황에 대해서는 사실 이렇다 할 감흥이 없었어요. 그때의 제 기분은 '정말 대단한데…… 그런데, 그게 꼭 나여야만 했을까?' 정도였죠."

사샤가 보기에, 도대체 무슨 일이 벌어지고 있는지 모든 사람들이 잘 이해하고 있는 것 같지는 않았다. "제가 에이젠더라는 사실에 대해서는 관심이 없는 것 같았어요. 뉴스에서 저를 두고 '치마를 입고 있던 소년'이라고 표현한 경우가 많았거든요. '치마를 입고 있던 에이젠더'가 아니고요. 저는 그런 게 불편해요. 저를 두고 옳지 않게 표현하는 거요."

다시 찾은 메이벡

12월, 추수감사절 방학이 끝나고 그다음 월요일에 사샤는 학교로 돌아왔다. 병원에서 보낸 나날이 너무나 길고 지루했기에 하루 빨리 학교로 돌아오고 싶었다. 사샤는 평상시보다 좀 더 영리하게 옷을 차려 입었다. 치마와 조끼, 나비넥타이와 깔끔하게 다린 흰색 셔츠와 헌팅캡이 잘 어울렸다. 물론 기자들도 빠짐없이 취재를 나왔다. 마치 왕실 가족의 사진을 찍으려고 쫓아다니는 파파라치들처럼 그들은 사샤의 모습을 카메라에 담으려고 길게 목을 빼고 쫓았다.

친구들은 사샤의 귀환을 두고 호들갑을 떨지 않기로 했고, 그 반 친구들에게도 여느 때처럼 대해 달라고 부탁했다. 사샤가 주목받길 싫어한다는 걸 잘 알고 있었으므로, 포옹으로 사샤를 환영하되 법석거리지 않고 차분하려 애썼다. 하늘을 찌를 듯이 빽빽하게 안테나를 세운 방송사 차량들이 학교 앞에 줄지어 대기하는 와중에 아이들은 최대한 침착해지려고 했다.

"학교 앞에 카메라가 너무 많았어요. 우리가 지나갈 때마다 '너 사샤 친구니? 얘기 좀 할 수 있을까?' 하고 기자들이 물었어요. 사

239

샤와 나 사이의 우정을 뭐라 표현해야 좋을지 몰라서 좀 이상한 기분이 들었어요. 사샤는 '난 지금 유명인과 얘기하고 있어.' 내지는 '끔찍한 사고를 당한 사람과 얘기하고 있어.'라고 생각하는 친구들 곁에 함께 있고 싶지 않을 거라고 생각했어요. 사샤는 그저 일상으로 돌아가기를 원했을 거예요. 우리 사이에 벽이 생기는 것 같아서 마음이 좋지 않았어요." 티아가 당시를 회상하며 말했다.

방과 후에 사샤는 볼룸 댄스 동아리에 갔다. 당시 볼룸 댄스에 열광했던 티아가 주도해서 동아리를 만들었고 사샤, 니모, 마이클이 합류한 상태였다. 필요에 따라 남성 파트도, 여성 파트도 출 수 있었기에 사샤와 니모는 쓸모 많은 깍두기였다. 학교로 돌아온 첫날, 사샤는 마이클과 짝을 이루어 왈츠를 췄다. 마이클은 돌아온 자신의 친구가 이전보다 조용해졌다고 생각했다. 좀 더 소심해졌다고. 하지만 전반적으로 사샤는 좋아 보였다.

생애 최악의 날들

앞으로도 셀 수 없이 많은 고통의 나날이 기다리고 있었다. 최악의 낮과 밤 들. 피부를 이식한 다리 부위가 근질근질 가려운 날들. 붕대를 풀 때 다리털이 뜯겨 빨갛게 번진 발진이 사라지지 않는 날들. 다리가 너무 아픈 날들. 샤워부터 옷 입고 학교를 오가는 일까지, 평범했던 일상사가 갑작스레 까다로운 과업이 된 날들.(샤워는 샤워기를 손에 든 채 앉아서 해야 했고, 옷을 입기 전에는 양 다리에 붕대를 세 겹으로 감아야 했고, 쉬이 지치고 피곤해서 등하교가 무척 힘들었다.) 병원에서 돌아온 날부터 줄곧 요의를 느끼는데도 막상 화장실에 가면 아무리 애써도 소변을 볼 수 없었던 밤들.(병원에 있는 몇 주간 소변 줄을 사용한 탓에 생긴 부작용이었다.) 또 잠자는 일이 마치 오래전 만난 적은 있지만 대화를 나눌 정도로 친하지 않은 먼 친척처럼 낯설게 느껴졌던 밤들. 지독한 통증을 이기지 못해 복용한 퍼코셋이란 진통제 때문에 졸리기는커녕 들뜨기만 했던 밤들.

사샤는 불이라든가 불을 붙인 사람에 대해서는 생각하지 않으려 애썼다. 하지만 때로는 왜 그런 짓을 저질렀는지, 그 이유가 몹시 궁금하기도 했다. 학교에서 집으로 돌아가는 1분 사이에 구급차와 병원, 수술, 지독한 통증, 진통제, 붕대, 앉아서 샤워하기로 이어진 이 상황을 좀체 믿기 어려웠다. '도대체 어떻게 이런 일이 일어날 수 있지?' 하는 기분이었다.

재회

댄 게일이 사샤의 집 거실에 놓인 고리버들 의자에 앉았다. 함께 온 그의 사촌 러셀은 긴장한 듯 깊은숨을 들이쉬었다가 잇새로 내뱉었다. 12월 초의 어느 토요일이었다. 댄은 늦은 아침을 함께 들자는 사샤 가족의 초대를 받고 사촌 러셀과 함께 방문했다.

마치 회오리바람에라도 휩쓸린 듯, 댄에게는 지난 몇 주가 정신없이 지나갔다. 한 달 전만 해도 댄은 평범한 사람이었다. 건설 현장에서 일하면서 부업으로 친구가 운영하는 티셔츠 가게에서 일손을 돕고 있었다. 그러던 어느 날 일과를 마치고 집에 돌아오는 버스에서 치마에 불이 붙은 한 십대 청소년을 만났고, 불 끄는 것을 도와 그 아이의 목숨을 구하는 데 일조했다. 하루아침에 그는 영웅이자 착한 사마리아인이 되었다. 시청에서 용감한 시민상도 받았고 뉴스에도 보도되었다. 오클랜드 경찰서장 숀 웬트는 오클랜드가 비록 높은 범죄율로 악명 높은 도시이지만 "우리 도시 곳곳에 선한 사람들이 있다"는 사실을 댄이 행동으로 증명했다고 치하했다. 심지어 가족까지도 전에 없던 존경심을 가지고 댄을 대했다. 그런 댄이 그날 버스에서의 사고 이후 처음으로 사샤를 만나려는 참이었다. 사샤가 침실에서 나와 모습을 드러내기까지 시간이 좀 걸렸다.

"흉터가 안 보이게 스타킹을 신어야 하거든요. 아직 붕대를 감아야 하는 부분이 몇 군데 있지만 회복이 빨라요." 데비가 설명했다.

"정말 다행이네요."라고 대답하는 댄은 긴장하여 굳은 표정이었다. 그는 오십 대 초반으로, 갈색 눈은 바셋하운드를 떠올리게 했다. 두툼하게 난 희끗희끗한 콧수염이 인상적이고 목소리가 깊고 거칠었다. 흰색 테니스화를 신은 한쪽 발을 반대쪽 무릎 위에 올렸다 내렸다, 다리를 꼬았다 풀었다 반복했다. 댄이 일하는 건설 회사 사장이기도 한 사촌 러셀은 졸음에 겨워 눈을 껌뻑였다. 족히 사흘은 정리하지 못한 거친 턱수염이 그의 뺨을 덮고 있었다. 두 남자는 두리번거리며 거실을 살폈다. 잡동사니로 어수선했지만 아늑한 거실이었다. 화초나 각종 잡지, 말린 꽃, 액자에 끼운 사진들이 사방의 벽면을 가득 채우고 있었다. 선반에는 양장본 책과 각종 보드게임들이 뒤엉켜 있었다. 피아노 한 대, 기타 두 대, 봉고 드럼 같은 악기가 바닥을 차지하고 있어 빈 공간이 별로 없었다. 쾌유를 비는 메시지가 쓰인 종이 배너가 거실 전체를 감싸듯 걸려 있었다. 지난달 57번 버스 노선을 따라 행진하는 행사를 마치고 받은 기념품이었다.

마침내 사샤가 거실로 들어왔다. 검은색 치마와 재색 후드 티 차림에 두 다리는 흰색 붕대로 감았다.

댄은 숨을 삼켰다.

"오, 이런." 속삭이듯 중얼거린 댄이 자리에서 일어나 넉넉한 품으로 감싸듯 사샤를 안아 주었다. "좀 어떠니?"

"좋아요." 사샤가 수줍은 듯 미소 지으며 눈을 몇 번 깜박였다.

"좋아 보이는구나."

"네, 그럭저럭 잘 지내고 있어요."

"그래, 잘됐네. 본래의 너에서 바뀔 필요는 없어. 변하지 마." 댄이 고개를 저었다. "기분이 좀 그렇다. 묘해." 그의 두 눈에 눈물이 그렁그렁했다. "미안, 친구. 정말 미안해." 터지는 울음을 참아 내느라 댄의 목소리가 갈라졌다.

"선생님이 해 주신 일에 감사하고 있습니다." 사샤의 뒤를 따라 거실 안으로 들어온 칼이 말했다.

"무슨 말씀을요. 충분히 돕지 못해 죄송합니다." 댄이 사샤를 돌아보며 말했다. "너한테 가까이 가기가 너무 어려웠단다."

"선생님은 할 수 있는 일을 다 하셨어요. 최선을 다하셨어요." 사샤가 말했다.

댄은 어느새 화제를 앞으로 있을 일로 옮겨 갔다. 그는 버스를 다시 탈 때 사샤도 있었으면 좋겠다고 말했다. "나는 거기에 있고 싶다. 넌 내게 친구와 같아. 앞으로 영원히. 네 덕분에, 이 모든 상황 덕분에 난 좀 더 괜찮은 사람이 된 것 같구나. 사실 내 딸들하고 사이도 더 좋아졌어. 네가 당한 일은 정말 유감이야. 그런데 미안하게도 덕분에 난 많은 것을 얻었단다." 댄이 멋쩍게 웃음을 터뜨리자 좌중은 그가 민망해하지 않도록 따라 웃어 주었다.

가다 서다를 반복하는 자동차처럼 어색하게 끊어졌던 대화는 이내 다시 이어졌다. 사샤는 화상을 최대한 이용하는 것에 대해서 수다를 떨었다. "'다리를 다쳤으니 설거지를 못 해요.' '저녁 차리는 것을 도와드릴 수 없어요, 제 다리 좀 보세요!' '숙제를 못 하겠어요. 다리 때문에요!' 이런 식이죠."

댄은 그 일이 있기 전 수년 동안 버스 안에서 사샤를 보았다고 말했다. 손에는 언제나 책이 들려 있었다고 했다. "버스 안에 있던 다른 사람들을 모두 합한 것보다 얘가 더 똑똑할 거예요." 댄이 호언장담하며 사샤를 돌아보았다. "그건 다 네 부모님 덕분이란다. 꼭 기억하렴. 살다 보면 계속해서 부모님 슬하를 떠나고 싶어질 거야. 그런데 나이가 들면 알게 된단다. 결국 언제든 너를 도와주실 분들은 **부모님**밖에 없어."

"**선생님**께서도 저를 도와주셨죠." 사샤가 말했다.

댄이 잠시 두 눈을 질끈 감았다.

"있잖니, 뒤를 돌아 처음 불을 보자마자, 나는 '할 수 있어. 내가 끌 수 있어.'라고 되뇌었단다."

댄의 설명에 따르면, 20년 전 그는 차량을 고의로 충돌시키는 데몰리션 더비라는 경기에 친구와 함께 참여한 적이 있었다. 그런데 차를 손보던 중 불꽃이 일었고, 친구가 물통인 줄 알고 불을 끌 요량으로 가져온 것이 하필 휘발유가 든 용기였다. 친구에게 불붙은 것을 발견하자마자 댄은 그에게 달려들어 불을 껐다. 그 뒤로 불 끄기 실력을 다시 한번 발휘하게 될 줄 누가 상상이나 했겠는가?

일행은 함께 식사를 했다. 사샤는 두부 스크램블을, 다른 사람들은 달걀과 패스트리 빵을 먹었다. 대화는 어느 틈에 사샤의 치마에 불을 붙인 아이 얘기로 이어졌다. 데비와 칼은 이미 기자들과 인터뷰하면서 리처드가 성인이 아닌 소년으로서 재판받기를 원한다는 의견을 밝힌 바 있었다.

"제 생각에 당신들은 저보다 훨씬 관대하신 것 같아요."라고 댄이 말했다.

"우리는 사실 어떻게 된 사정인지 거의 모릅니다." 칼이 설명했다. 사샤의 가족은 리처드의 미래를 결정하는 입장에 서기를 원치 않았다. 그러기엔 정보가 충분하지 않다고 생각했다. "그 문제는 다른 사람들이 결정하도록 맡길 생각입니다."

댄이 사샤를 돌아보며 물었다. "**너는** 어떻게 생각하니? 그러니까 너를 다치게 한 그 아이에 대해서?"

사샤도 이 문제를 생각해 보았다. "그 아이가 저를 다치게 했지요. 정말 위험하고 멍청한 일을 저지른 것은 맞는데, 그 애는 이제 열여섯 살이잖아요. 열여섯 살짜리 아이들은 좀 띨띨해요. 사실 내가 그 애한테 바라는 게 뭔지 저도 잘 모르겠어요."

247

4

저스티스, 사법 혹은 정의

이분법

세상에는 두 종류의 사람들이 있다.

남자와 여자.

동성애자와 이성애자.

흑인과 백인.

정상인과 비정상인.

시스젠더와 트랜스젠더.

세상에는 두 종류의 사람들이 있다.

성자와 죄인.

희생자와 악당.

냉혹한 사람과 상냥한 사람.

유죄와 무죄.

세상에는 두 종류의 사람들이 있다.

단 두 종류.

단 둘뿐.

오직 둘뿐.

잔인하고 이례적인?

재스민은 교도관의 호송을 받으며 법정 안으로 들어오는 리처드에게서 눈을 뗄 수 없었다. 소년원 원복인 짙은 재색 스웨트셔츠와 카키색 바지 차림에 머리를 짧게 깎았다. 방청석을 살피던 리처드의 눈이 그녀의 눈에 닿자 재스민은 손가락으로 하트를 만들어 가슴에 대 보였다.

리처드는 미소를 지을 듯하다가 애써 무표정한 가면을 다시 꺼내 썼다. 이 순간 리처드의 얼굴에서 웃음기를 본다면 사샤에 대한 일말의 연민도 없다고 사람들이 오해할 수 있었다. 아예 히죽거리더라고 말할지도 모를 일이었다.

어느덧 1월 중순이었다. 리처드가 소년원에 입소한 지 벌써 두 달이 넘었지만, 재판은 그때까지 별 진척이 없었다. 이날 판사는 리처드 사건을 다시 소년 법원으로 보내 달라는 변호인의 탄원을 듣기로 되어 있었다.

지난 2002년 캘리포니아주 대법원은 검사가 청소년을 일반 형사 법원에 기소하는 근거가 된 '주민발의안 21호'에 동의를 표한 바 있다. 한편, 미국 연방 대법원은 잇따른 세 번의 판결을 통해 청소년이 받을 수 있는 형량에 엄격한 제한을 두었고, 사형이나 가석방 없는 종신형의 선고 가능성을 배제했다. 연방 대법원은 이 세 건의 판결에서 "잔인하고 이례적인" 처벌을 금지하는 미국 연방 수정헌법 제8조를 매번 인용했다.

리처드가 살인을 저지른 것은 아니므로 사형이나 가석방 없는 종신형을 선고받을 가능성은 없었다. 최악의 경우, 종신형을 선고받는다 해도 7년을 복역한 뒤에는 가석방 심사를 받을 수 있었다. 하지만 듀보이스는 사형과 가석방 없는 종신형에 관한 연방 대법원의 결정이 "변화하고 있는 품위의 기준"을 의미한다고 주장했다. 어린 범법자에게 가혹한 형량을 부과하는 건 점점 더 용납되지 않는 추세라는 것이다.

그는 탄원서에 이렇게 썼다. "주민발의안 21호로 인해 (형사소추가 본연의 임무인) 지방검사는 16세의 피고에게서 모든 …… 소년범이 본래 보장받았던 재활 및 부모와의 재결합이라는 목표와 치료에 대한 권리를 **영구적으로** 박탈하고, **교정이 불가능한** 타락한 '형사' 범죄자로 바라보는 절차를 일방적으로 결정할 수 있게 되었습니다."

이런 노력에도 듀보이스의 탄원은 리처드 커즌스 판사에게 별다른 감흥을 주지 못했다. 판사는 리처드의 재판 절차가 아직 끝나지 않았으므로 그가 받을 수 있는 어떤 형량의 합법성을 검토하기에는 너무 이르다고 지적했다. 이에 덧붙여 "이 일은 매우 끔찍한 사건입니다. 만약 성인이 저지른 일이었다면, 잔인하고 이례적인 처벌을 받아야 한다는 주장에 반박할 사람은 없을 것 같습니다."라고 말했다.

탄원은 기각되었다.

법정 밖 복도로 나온 재스민이 줄리엣의 품에 안겨 흐느껴 울었다. 시선을 바닥에 고정한 채 엘리베이터를 타고 로비로 내려갔다.

"그 애는 내 아이예요. 내가 할 수 있는 일은 그 애 곁을 지키는 것뿐이네요." 재스민이 나직이 말했다.

다시 소년원으로

리처드가 그룹홈으로 가기 전, 열네 살 때 소년원에 입소한 적이 있다는 걸 직원들은 기억하고 있었다. 당시의 리처드는 참으로 성가신 존재였다. 계속해서 무엇인가를 요구했고, 원하는 걸 얻지 못하면 다른 사람에게 가서 떼를 썼다. 시간을 많이 빼앗은 아이였지만 그들은 리처드를 좋아했다.

"결코 나쁜 애는 아니었어요. 단지 도움이 필요한 아이였죠." 직원 중 한 명이 설명했다.

그랬던 리처드가 이제는 새삼 달라 보였다. 까불까불하고 익살스럽던 성격이 어디론가 사라졌다. 이즈음의 리처드는 꽤나 진지했다. 또 기가 죽어 있었다. 이전의 그를 알던 다른 아이들은 리처드가 재미없어졌다고 생각했다. 리처드는 이제 남을 웃기는 일에 열의가 없었다.

소년원 건물은 최대 360명까지 수용할 수 있었지만 입소 인원은 90~100명 정도였다. 대부분 남자아이들이었다. 청소년 수감률이 감소함에 따라 침대 30개가 설치된 12개 수용동 중에서 절반만

이 사용되고 있었고, 사용 중인 각 수용동도 절반만 채워졌다.

리처드에게 소년원의 일상은 이미 익숙한 것이었다. 아침에 일어나면 방에서 나오기 전에 벗어 둔 잠옷과 담요를 잘 개서 사람들이 노천식이라고 부르는 침상 위에 깔끔하게 쌓아 두어야 한다. 밖으로 나가 신발을 신은 다음 열중쉬어 자세로 각자의 수용 거실 앞에 서서 지시를 기다린다. 아침 식사는 공용 구역에서 제공된다. 가운데 바둑판무늬가 있는 원형 테이블 중 하나에 앉아 식사한다. 공용 구역에서 몇 걸음만 걸으면 교실 두 개짜리 학교가 있다.

교실이야말로 소년원 안에서 가장 다채로운 공간이었다. 각종 포스터, 낱말 목록, 숫자를 표시한 선들이 사방 벽을 덮고 있어서 칙칙하고 단조로운 다른 공간으로부터 시각적 휴식을 얻는 기분이 들었다. 교실 문밖의 생활공간에서 예기치 못한 혼란이 발생할 때가 있기는 하지만 전에 다니던 학교보다 정작 이곳, 소년원에서 더 집중이 잘 된다고 리처드는 생각했다. 리처드는 차근차근 교과과정을 이수했고, 고등학교 수업을 받으며 난생처음 썩 괜찮은 성적을 받았다.

일요일마다 두 교실 중 한 곳에서 열리는 예배에 참석했다. 리처드는 성경 공부를 좋아했는데 특히 욥의 이야기가 마음에 들었다. 하나님은 욥의 가족과 종들을 몰살하고 그의 집과 가축, 재산을 멸함으로써 욥의 믿음을 시험한다. 그리고 발바닥에서 정수리까지 종기가 나게 한다. 결국 비탄에 빠진 욥이 물었다. "이게 공평한가요? 무슨 하나님이 자신의 백성에게 이렇게 해요?"

하나님이 폭풍우 가운데서 욥의 질문에 질문으로 답하는 것으로 이야기는 끝난다. "나의 정의를 의심하느냐? 너 스스로를 정당화하기 위해 나를 비난하느냐?"라고 하나님이 물었다. 하나님은 욥에게 땅의 기초를 놓을 때 너는 어디에 있었느냐고, 빛과 어둠이 어디에 머무는지 아느냐고, 들소의 눈을 가리고 밭을 갈게 만들 수 있느냐고 물었다. "네가 하나님처럼 능력이 있느냐, 하나님처럼 천둥소리를 내겠느냐?"

"알겠습니다. 당신께서는 못 하실 일이 없으십니다. 하나님의 지혜와 권능이 너무 커서, 당신의 선택에 의문을 제기할 수 없습니다."라고 욥이 대답했다. 이런 욥의 이야기가 리처드에게 큰 위로가 됐다.

소년원에 수감되고 얼마 지나지 않아 리처드는 15인 단위로 사용하는 공동 구역에서 요전에 자신에게 총구를 겨누고 소지품을 강탈했던 아이를 발견했다. 한때 친구라고 생각했던 그 녀석 말이다. 소년은 자신이 저지른 강도짓에 대해 리처드에게 사과했다. 리처드는 누군가에게 잘못을 저지른다는 게 어떤 일인지 잘 알게 되었기에 그 아이의 사과를 받아들였다고 재스민에게 말했다. 더불어 자기 자신도 용서받기를 바랐다.

"그래, 용서하되 잊지는 마렴." 재스민이 으레 하는 말이었다. 하지만 리처드는 이제 그런 말 그만하라고 했다.

"엄마, 용서하려면 **잊어야** 해요. 잊지 않으면 진짜 용서한 게 아니잖아요."라고 리처드가 말했다.

다른 선택을 했더라면

재스민은 긍정적으로만 생각하려고 무진장 애썼다. 리처드는 이번 경험을 통해 분명히 교훈을 얻으리라고 확신했다. "우리 **모두**는 이번 일로 무언가를 배우게 될 거예요." 그녀가 곧잘 하는 말이었다. 하지만 그렇게 말해 놓고는 고개를 저었다.

"그렇게 심한 짓을 저지르지 않고, 달리 배웠으면 좋으련만. 법원에서 그 애의 죗값만큼만 벌을 주었으면 좋겠어요. 그래서 단순히 감방에 가두는 것으로 끝날 것이 아니라 이 일로부터 배우는 게 있으면 좋겠어요."

이랬다면, 저랬다면 하는 후회로 문득문득 마음이 어지러워지는 것은 어쩔 수 없었다. 열네 살에 처음 체포되었을 때 국선변호인으로 만족할 게 아니라 수임료를 내고 변호인을 선임할 수 있었다면 어땠을까? 1학년 때 고민했던 대로 ADHD 검사를 받게 했으면 어땠을까? 이것저것 나쁜 영향이 너무 많은 오클랜드가 아니라 다른 곳에서 살았으면 어땠을까? 좀 더 다양한 활동을 경험하게 해주었으면 문제에 휘말리지 않을 수 있었을까? 리처드가 원했던 방과 후 구직 프로그램에 등록시켰다면 어땠을까? 리처드가 경찰과 얘기하지 않고, 처음 체포되자마자 자신에게 먼저 전화를 했다면 어땠을까? 뉴스에서 처음 그 애를 알아보았을 때 곧바로 경찰서로 찾아갔더라면 어땠을까? 전화만 걸고 있을 게 아니라 경찰서로 직접 찾아갔어야 했다. 그들이 아무것도 모른다고 말했을 때 그 말을 곧이곧대로 믿지 않았어야 했다. ……했어야 했다.

이런 상념에 한번 빠지면 헤어 나오기 힘들었다. 하지만 돌이켜보면 그때 그렇게 하지 못한 데는 다 그럴 만한 이유가 있었다.

"하나님은 신비로운 방법으로 역사하세요. 우연한 것은 아무것도 없어요. 하나님께서 하시는 모든 일을 그분은 정확히 알고 행하시죠." 재스민이 말했다.

아직 마음의 준비가

크리스마스가 지나갔다. 새 학기가 시작되었고, 사샤는 MIT에 합격했다. 2월에 접어들면서 삶은 다시 일상으로 돌아오고 있었다. 사실 이전과는 달라진 새로운 일상이었다. 피부를 이식한 부위에 흔히 떡살이라고 부르는 비후성 반흔이 생기는 걸 방지하려면 하루 중 23시간 동안 양쪽 다리에 흰색 압박 스타킹을 신고 생활해야 했다. 압박 스타킹은 붕대를 감는 것보다 편리했다. 사샤의 위축된 다리 근육에 다시 힘이 붙기 시작했다.

재스민은 사샤의 가족을 만나 보고 싶었다. 리처드가 체포되었을 때부터 든 생각이었다. 엄마 대 엄마로서, 또 아이를 키우는 부모 대 부모로서 얼마나 미안한지 자신의 심정을 전하고 싶었다.

"내 아이한테 그런 일이 생겼다면 어땠을까 생각해 보았어요. 그 애는 그런 일을 당할 아무 짓도 하지 않았지요."

하지만 재스민의 심경을 전해 들은 데비는 움찔했다. 데비도 재스민 생각을 자주 했고, 용서의 힘을 믿었다. 하지만 아직 일렀다. 데비에게는 시간이 좀 더 필요했다.

무슨 말을 해야 할지 모르겠지만

리처드의 1차 예비 심문 기일이 3월로 정해졌다. 사샤는 학교를 빠지고 칼, 데비와 함께 재판을 방청하기로 했다. 짙푸른 치마에 회색 조끼, 갈색 줄무늬가 있는 나비넥타이, 회색 헌팅캡, 트렌치코트, 보라색 레깅스, 보라색 목 긴 운동화 차림이었다. 손에는 미국 사회주의의 역사에 관한 책이 들려 있었다.

재스민의 눈에 사샤가 들어왔다. TV를 통해서가 아니라 직접 만나는 것은 처음이었다. 온갖 감정이 그녀의 마음속에서 소용돌이치며 올라왔다. 슬픔과 연민. 착잡함과 부끄러움. 그리고 허망함.

심리는 고작 몇 분 만에 끝났다. 리처드의 "답변은 보류"되었는데, 이는 리처드에게 불리한 증거가 충분히 많아서 판사가 재판 기일을 정하는 데 문제가 없다는 의미였다. 사샤의 가족이 줄지어 법정을 나가려는데 재스민이 갑자기 그들 앞을 막아섰다.

"내 아들은 그런 애가 아니에요." 재스민이 말했다. 마음속에 묻어 두고 감춰 뒀던 말들이 그녀의 입을 통해 속절없이 쏟아져 나왔다. "그 애가 왜 그런 짓을 저질렀는지 모르겠지만, 미안합니다. 우

261

리는 누구를 혐오하고 증오하는 사람들이 아니에요."

그러더니 재스민은 데비와 칼, 사샤와 차례로 포옹했다.

리처드의 친척도 하나씩 앞으로 나서서 똑같이 포옹했다.

예기치 못한 만남이 끝났을 때 두 어머니 모두 울고 있었다. 재스민은 자꾸 사샤에 대한 말을 되풀이했다. "이 애는 너무 착해 보이잖아요. 이렇게 귀여운데. 훌륭한 가족이고요. 결코 익숙해질 수 있는 일이 아니에요."

하고픈 말이 너무 많았는데 정작 마음을 표현할 말을 찾지 못한 재스민은 이렇게만 말했다. "미안하다는 말밖에 무슨 말을 해야 할지 모르겠네요."

포옹은 언제나 환영이에요

엘리베이터에 탄 데비가 눈물을 훔쳤다. "저 사람들 진심인 것 같아. 기분이 괜찮네. 정말 기뻐. 저 가족을 만난 것으로 오늘 여기 온 보람이 있네."

자신에게 불을 지른 가해자의 가족과 포옹한 기분이 어땠는지 묻자 사샤는 싱긋이 미소만 지었다.

"포옹은 언제나 환영이에요." 사샤가 말했다.

칼과 데비, 사샤는 엘리베이터를 타고 법원 9층에서 내렸다. 이번 사건의 기소 검사인 아르만도 패스트란 지방 검사보를 만나기 위해서였다.

패스트란 지방 검사보도 두 가족의 포옹을 지켜보았으나 여전히 냉담했다.

"**그 사람들이** 일말의 회한을 표시했다는 사실은 기쁩니다." 리처드의 가족에 대해 그가 덧붙였다. "하지만 그런 일을 저지른 당사자인 그 애한테서 약간의 후회라도 볼 수 있다면 좋겠네요."

물론 아르만도 패스트란 지방 검사보는 한 번도 리처드와 얘기를 나눠 본 적이 없었다. 시스템이란 그렇게 작동하지 않는다. 그리고 리처드가 쓴 두 통의 편지는 여전히 변호인의 서류 가방 안에 처박혀 있었다.

위 더 피플

사샤가 맨 처음 이분법적 성별 구분에 반대하는 청원을 올린 지 대략 1년 정도가 지났을 무렵, '위 더 피플' 백악관 게시판에는 새로운 청원이 등장했다. 청원인의 주장은 사샤가 썼던 내용과 상당히 유사했다.

이번에는 이 청원이 입소문을 타면서 웹사이트 레딧, 웹진《버슬》, LGBTQ 잡지《애드버케이트》, 뉴스 애그리게이터《허핑턴 포스트》등이 주목했다. 덕분에 10만 3,202명의 서명을 받았고 이에 대해 백악관은 다음과 같은 공식 답변을 내놓았다. "우리는 이 문제가 얼마나 중요한지 잘 알고 있으며, 공식 문서에서 개인의 정체성을 정확하게 표시하는 것이 상징적이거나 다른 측면에서 중대한 영향을 미친다는 사실을 잘 이해하고 있습니다. …… 이 문제를 매우 주의 깊고 진지한 태도로 다루어야 한다는 점은 분명합니다."

그렇다고 백악관이 당장 연방 차원에서 정책 수정을 계획한다는 뜻은 아니었다. 공식 답변에서는 정부 문서에 성별을 제시하는 방법을 바꾸어 달라는 제안에 대해 "해당 연방 또는 주 정부 기관

265

이 사례별로 검토해야 합니다."라고 밝혔다. 그럼에도 사샤는 뿌듯했다. 이제 정부가 두 가지 성별 이외에 다른 성별의 존재를 인정했다. 이런 일이 가능할지 누가 예상이나 했겠는가?

예쁜

마이클의 여자친구인 티아가 사샤의 등 뒤에 서서 진홍색 코르셋의 끈을 잡아당기고 있었다.

"내가 이걸 계속 잡아당기면 네가 음의 공간으로 사라지게 될까?"라고 티아가 중얼거리듯 말했다.

4월이었다. 티아와 마이클, 사샤, 니모는 오클랜드 시내 스코티시 라이트 센터에서 열리는 빅토리아풍 사교 모임인 개스켈 무도회에 참석하려 준비하고 있었다. 센터는 화려하게 장식된 1920년대 건물로 메릿 호숫가에 있었다. 코스튬 디자이너인 티아의 어머니 앨리사 포스터가 사샤에게 무도회 드레스를 만들어 선물했다. 드레스 원단은 샌프란시스코의 자선단체이자 자칭 "최첨단 퀴어 수녀회"라는 거리 공연 팀 '영원한 관용의 자매들'에게서 기증받았다. 드레스의 허리 사이즈는 23인치였다. 나풀나풀한 금색 주름으로 장식한 올리브색 드레스를 입은 티아가 사샤의 허리 사이즈를 쟀다. 아직 25인치에 가까웠다. 티아는 코르셋 끈을 더 세게 잡아당겼다.

"사샤, 너 지금 숨은 쉬고 있는 거니?" 마이클이 물었다. 그는 회색 조끼와 바지, 그리고 짙은 자줏빛의 나비넥타이 차림이었다.

"마법을 좀 부렸지." 사샤가 드러난 자신의 쇄골을 두드려 보이며 웃었다. "내 양쪽 폐는 여기 위쪽에 있어. 인체는 신비로워."

"어휴, 못할 짓이다. 내가 너를 질식시키고 있는 것 같아." 티아가 코르셋을 더 세게 잡아당기면서 말했다.

"동의했으니까 괜찮아. 그리고 이건 질식하고는 달라. 질식시킨다는 건 누군가의 코와 입을 베개로 눌러 막는 거지." 사샤가 대꾸했다.

그때 에드워드 7세풍의 양복 조끼와 허리선에 주름을 넣은 검은색 바지, 풀을 잔뜩 먹여 빳빳한 흰색 셔츠에 파란색과 회색 무늬가 있는 크라바트(남성용 스카프)를 맨 니모가 걸어 들어왔다. 갈색 생머리를 목덜미에서 하나로 질끈 묶었다.

"몸매가 나오네." 니모가 무덤덤한 얼굴을 하고선 손으로 콜라병 모양을 그려 보이며 말했다.

니모는 티아와 마이클이 앉아 있는 소파의 옆자리에 앉아 사샤가 티아 엄마의 도움을 받으며 무도회 드레스를 입는 모습을 지켜보았다. 목선이 둥글게 파이고, 짧은 팔소매가 봉긋한 감청색 드레스였다. 드레스와 짝을 이루는 파란색 머리띠도 썼다. 양쪽 귓가에 작은 비단 장미 꽃송이가 달린 머리띠였다.

"나 너무 예쁜 것 같아!" 사샤가 거울 앞에서 빙그르르 돌면서 말했다.

"와, 너무 예쁘다!" 니모가 방 안에서 사샤를 이끌며 짧게 왈츠를 춰 보였다. "우아!"

코르셋을 너무 꽉 조인 탓에 사샤는 구두를 신을 수 없었다. 니모가 바닥에 앉아 대신 신겨 주었다.

티아의 검정 강아지 미치가 코를 킁킁거리며 사샤의 드레스 자락에서 냄새를 맡았다.

"이 녀석, 난 드라이클리닝만 가능하다고!" 사샤가 성마르게 반응했다.

"네가 드라이클리닝만 가능하다고? 아니면 네 드레스가?" 니모가 물었다.

"글쎄, 이 드레스가 바로 나 자신인걸." 사샤가 말했다. "적어도 겉으로 드러나기로는."

"정말 그래?" 니모가 사샤의 대답에 흥미를 느끼며 물었다. "하지만 너는 네 피부이고 네 목걸이이기도 하지."

사샤가 어깨를 으쓱했다. "아무튼 개가 접근할 수 있는 나의 일부분은 드라이클리닝만 가능해."

무도회

아이들은 손에 손을 잡거나 팔짱을 끼고 나란히 입장했다. 발아래서 무도회장의 마룻바닥이 반짝반짝 윤났다. 흥에 겨운 참가자들은 둘씩 짝을 지어 돌아다녔다. 허리받이로 부풀린 드레스를 차려입은 여성들은 알록달록한 사탕 같았다. 프록코트를 입은 남성들은 콧수염에 왁스를 발라 한껏 멋을 냈다. 긴 장갑과 짧은 장갑, 깃털과 보석, 플래퍼 드레스, 미니스커트, 양복, 청바지, 그리고 킬트를 입고 라쿤 털가죽 주머니를 허리춤에 매단 남자가 적어도 한 명쯤 끼어 있기 마련인 무도회는 여러 시대와 스타일이 뒤섞인 복장 전시장 같았다.

'바로 이거야. 드레스를 입고 파트너와 함께 여기에 있다니. 정말 멋져.' 사샤는 생각했다.

모든 것이 멋졌다. 드레스도 예쁘고 사샤도 예뻤다. 무도회장도 예쁘고, 니모도 예뻤다. 모든 것이 완벽했다. 사샤는 무도회장에서 춤추는 것을 좋아하니까. 이날 밤 그 누구도 사샤를 남자애로 착각하지 않는다는 사실이 무엇보다 흡족했다. 저녁 내내 많은 남자들

270

이 사샤에게 함께 춤을 추자고 청했다.

"저는 사람들이 내가 여자인지 남자인지 헷갈려 하기를 바라요." 나중에 사샤는 이렇게 설명했다. 사실 이런 일이 자주 일어나지는 않았다. 사람들은 대개 사샤를 남자로 생각했다. 그래서 여자로 꾸민다는 건 사샤에게 멋진 변화였다.

무대에서는 브라스 밴드가 쿵짝짝 쿵짝짝 왈츠 곡을 연주했다. 사샤와 니모는 함께 춤을 추었다.

파급 효과

대리스 영은 오클랜드 지역의 사회정의 옹호 단체인 엘라베이커 인권센터에서 활동가로 일하고 있었다. 자기 자신이 교도소에서 복역하고 출소한 뒤 보호관찰 중일 때 센터에서 일하기 시작했고 젊은 이들의 교도소행을 막기 위해 열정적으로 활동하고 있었다.

"저는 상습 범법자를 장기 구금하는 이른바 '경범죄 삼진아웃 제'에 해당되었어요. 20년 형을 선고받았고 17년 2일 4시간 20분 만에 출소했습니다." 엘라베이커 센터 홈페이지에 게시된 대리스 영의 인터뷰 내용이다. "그동안 현재의 사법 시스템에 여러 문제가 있음을 알게 되었지요. 무엇보다 교도소 안에서 한 해, 두 해 세월을 보내다 보니, 이곳으로 들어오는 죄수들의 나이가 점점 더 어려진다는 사실을 발견했습니다. 그래서 '이건 뭔가 문제가 있다'고 생각했지요. 삶 속에서 바로잡을 수 있는, 또 그래야 할 잘못을 저지른 아이들을 우리는 왜 감옥으로 보내고 있는 걸까 하는. 그리고 대부분의 문제가 소년사법제도에서 시작된다는 일정한 패턴을 확인했습니다. 일련의 과정 어딘가에서 시스템이 제대로 작동하지 않는

272

다는 걸 알게 되었지요."

대리스는 리처드의 사건을 다룬 뉴스 보도를 챙겨 보고 있었다. 사샤의 가족이 TV 인터뷰에서 리처드가 성인으로 기소되기를 원치 않는다고 말하는 모습을 보았을 때 리처드를 감옥에 보내는 것과는 다른, 새로운 해결책을 모색해 볼 수 있겠다고 생각했다.

"많은 사람들이 '끔찍한 일이 일어났군. 하지만 저 가해자 청년 은 구제받을 수 있겠어. 전과가 많은 상습범은 아니야.'라고 생각할 만한 사건인 거죠."라고 대리스가 말했다. "무엇보다 피해자 가족 이, 그들이 용서해 줬거든요. 공동체를 위해 더 이상 상처를 키우지 않고 이 사건을 과거의 일로 묻고 싶은 것 같았습니다. 사실 아시겠 지만 누군가 교도소에 간다면 공동체 전체로서는 해를 입게 됩니 다. 위아래로 '파급 효과'가 일어나거든요."

대리스와 또 다른 활동가인 마리아 도밍게스는 재스민에게 연 락해 소위 '회복적 정의'라는 절차를 시도해 볼 생각이 있는지 물었 다. 재스민은 처음에는 별 관심을 보이지 않았다. 회복적 정의라는 걸 생전 처음 들어 본 데다, 이미 벌어지고 있는 상황에 압도되어 그것만으로도 충분히 버거운 상태였다. 하지만 결국 활동가들을 만 나 무슨 얘긴지 한번 들어 보기는 하겠다고 했다. 일단 대리스와 마 리아는 재스민에게 아무것도 약속할 수 없었다. 사샤의 가족과 지 방 검사, 리처드의 변호인인 빌 듀보이스까지 모든 당사자의 합의 가 필요한 일이었기 때문이다. 다만, 애나 블랙쇼라는 회복적 정의 운동가가 사샤의 가족과 연락을 취하고 있었기에, 어쩌면, 혹시 리처드를 감옥에 보내지 않기 위해 양측 당사자들이 머리를 모으는 일이 가능할 수도 있겠다 싶었다.

"18세가 되면 주립 교도소로 이감되는데, 자기보다 나이 많은 성인 범죄자들 사이에서 받는 영향은 엄청납니다. 더 나은 사람이 돼서 교도소를 출소하는 경우는 별로 없는 것 같습니다." 대리스의 설명이었다.

엉덩이 때리기

2015년 가을 어느 날, 오클랜드 고등학교에서 9학년 학생들이 생물 수업을 듣고 있었다. 수업을 맡은 임시 교사가 아이들을 통제하려 애쓰고 있었지만 헛수고였다. 이들 중 두 학생도 다른 아이들과 크게 다르지 않았다. 사근사근한 말씨에 체구가 자그마한 TC는 베트남 출신이었다. 오클랜드 고등학교의 여느 학생처럼 후드 티에 편안한 운동복 바지 차림이었지만 검은색 긴 머리를 어린 소녀처럼 두 갈래로 땋고 다녔다. 제프는 천둥벌거숭이 같은 아프리카계 미국인 소년으로 짧게 깎은 머리 중 몇 가닥을 금색으로 물들였다. 절반쯤은 우습고 절반쯤은 짜증이 날 만큼 자기가 재미있게 본 만화에 대해서 끝없이 떠들어 대는, 한번 벌린 입을 좀체 다물 줄 모르는 그런 아이였다. 옆자리에 앉은 여학생이 노트를 보여 주지 않으면 등짝을 세게 쳐 버리는 그런 아이.

TC의 엉덩이를 때린 것도 완전히 뜬금없는 일이었다. TC는 아프기도 하고 수치스럽기도 했다. 누군가의 손이 제 엉덩이에 닿기는 난생처음이었다. 머리끝까지 화가 치민 TC가 의자를 들어 올렸

275

다. 금방이라도 제프를 향해 던져 버릴 기세였다.

반 아이들이 저마다 한마디씩 거들며 소란스러운 가운데 한 아이가 "의자를 내려놔!" 하고 외쳤다.

"아무것도 모르면 입 다물고 가만히 있어!" TC가 소리쳤다. 두눈에 눈물이 고였다. 하지만 결국 의자를 내려놓았다.

하루 종일 TC의 마음속에서 이 사건이 떠나지 않았다. 그날 오후 결국 친구들에게 생물 시간에 있었던 일을 털어놓고는 울음을 터뜨렸다.

"선생님께 말씀드려야 해." 친구들이 말했다. TC는 그 말을 따랐다.

오클랜드 고등학교 행정처가 조사에 착수했고, 그 결과 며칠 전에도 제프가 다른 9학년 여학생 두 명의 엉덩이를 때리거나 움켜잡기까지 한 것으로 드러났다.

성희롱은 정학은 물론 퇴학까지 가능한 심각한 징계 사유다. 하지만 아이들을 학교에 오지 못하도록 하는 조치는 결국 역효과를 불러올 수 있다. 게다가 아프리카계 미국인 소년들의 경우 정학 처분을 받는 비율이 유난히 높았다. 때문에 오클랜드 지역의 여러 학교들은 교칙에 있어 새로운 접근법인 '회복적 정의'를 고려하기 시작했다.

토요일 등교와 같은 기존의 규율을 따를 것인가, 아니면 엉덩이를 건드린 세 여학생과 함께 하는 회복적 정의 서클에 참여할 것인가. 두 가지 선택지 중에서 제프는 회복적 정의를 선택했다. 하지만 이 과정을 시작할 때는 약간 짜증이 났다. 그냥 장난 좀 쳤을 뿐인데 왜 모두들 큰일이라도 난 것처럼 소란이람?

"여자애들만 모인 데 가서 일주일도 더 지난 이야기를 해야 하나 싶었어요." 훗날 제프가 말했다.

또 다른 당사자인 두 여학생 J.와 팬차도 비슷한 생각이었다. 당시에는 화가 났지만, 그래서 어쩌겠는가. 이미 지나간 일이었다. "그 일로 충격을 받거나 하지는 않았어요."라고 팬차가 말했다.

학교란 온갖 규칙과 규율이 지배하는 공간이다. 성희롱을 금하는 규칙이 있고, 금지하는 행동과 처벌에 관한 규율이 세세하게 정해져 있다. 반면에 회복적 정의는 당사자들 사이의 관계에 초점을 맞춘다. 회복적 정의를 지지하는 사람들은 범죄란 정해진 규칙에 반하는 행동이라기보다 사람에게 맞서는 행동이라고 본다. 누군가에게 상처를 주었다면 잘못을 바로잡아야 하는 것이다. 그리고 잘못을 바로잡음으로써 공동체의 관계가 치유되기 시작한다.

"기존의 제도는 치유나 교육이 아닌 비난과 처벌에 초점을 맞추고 있습니다." 메릴랜드주 볼티모어에서 공동체협의센터를 설립하여 미국 역사상 가장 오래되고 널리 존경받는 회복적 정의 프로그램을 운영하고 있는 로런 에이브럼슨은 말한다. "사회적 차원에서 보다 효과적이고 비용 대비 효율이 좋다고 여러 차례 입증된, 정의를 구현하는 새로운 방법이 있습니다."

오클랜드 고등학교에서 회복적 정의 서클을 시작할 때는 분위기가 그다지 진지하지 않았다. TC와 두 명의 성인 진행자를 제외한

나머지는 쉴 새 없이 장난을 치고 농담을 걸었다. 하지만 제프가 제 몸을 만졌을 때 어떤 기분이 들었는지 세 소녀가 얘기하기 시작하자, 분위기가 일순 심각해졌다. 장난친 걸 가지고 심각하게 굴 사람은 없다고 여학생들이 이구동성으로 말했다. 하지만 이 경우엔 제프가 선을 넘었다고. 결국 네 명의 학생은 장난으로라도 서로의 몸을 만질 때에는 미리 허락을 구하기로 약속했다. 이렇게 모든 일이 마무리되었다. 이것으로 끝.

사실 단순한 '끝'이 아니었다. 네 학생은 다시 친구가 되었다.

"이 사건을 통해서 우리는 서로 끈끈해졌어요." 몇 달 후 네 사람이 캐슈너트 한 봉지를 나누어 먹는 동안 J.가 설명했다. "덕분에 우리 사이의 문제가 해결되었다는 기분이 들어요. 우리는 서로를 믿어요. 우리 머릿속에서 그 사건을 정리하는 좋은 방법이었던 것 같아요."

그리고 쉬이 짐작하듯이, 허락 구하기는 새로운 장난이 되었다.

"네 캐슈를 좀 만져도 될까?" 팬차가 캐슈너트 봉지로 몸을 기울이며 물었다. 나머지 학생들이 피식 웃었다.

회복적 정의 서클이 없었어도 언젠가 소동은 가라앉았겠지만 찜찜한 감정이 남았을 거라고 친구들이 입을 모아 말했다.

"제 생각에 회복적 정의 서클을 거치지 않았다면 아직까지도 서로 관계가 좀 어색했을 것 같아요." TC가 말했다. "적어도 저는 그래요."

"맞아요." J.가 말했다. "안 그랬으면 쟤를 볼 때마다 이런 생각

278

이 들었겠죠. 그러니까⋯⋯."

"내 엉덩이를 때린 자식이잖아!" 제프가 나서서 J.의 말을 맺었
다. 제프와 팬차가 먼 미래의 어느 날 식료품점에서 우연히 만나는
장면을 연기했다.

"어이, 난 제프야. 우린 같은 고등학교를 나왔잖아!"

"아, 내 엉덩이를 때린 애구나!"

"응, 네 엉덩이를 때린 분이지!"

학생들은 웃음을 터뜨렸다. 제프는 캐슈너트를 한 줌 잡아 입에
털어 넣었다.

"먹을 때는 입 좀 다물어 **주겠니?**" 팬차가 얼굴을 찌푸리며 말
했다.

제프가 짐짓 엄중하게 머리를 가로저으며 말했다. "우리에게는
또 한 번의 회복적 정의 서클이 필요합니다."

그리고 나서 제프는 싱긋 웃었다. "우리는 이런 말을 한 적이 없
었어요. 이제는 애들이랑 솔직하게 말할 수 있는 것 같아요. 친구들
을 믿거든요."

회복적 정의란 바로 이런 것이다. 상반되는 듯한 두 가지 생각을
모두 허용한다. 엉덩이 때리기는 재미있지만, 그렇지 않을 때도 있
었다. 다른 사람 몸에 손을 대기 전에 허락을 구하는 장난은 재미있
지만, 먼저 묻지도 않은 누군가가 자신의 몸을 만지는 일은 싫었다.
세 소녀는 제프가 엉덩이 때리기와 같은 장난을 자제하기를 바라는
한편, 여전히 제프와 어울려 함께 놀고 싶었다. 이 모두가 대단히

심각한 문제는 아니었다. 그 정도였다.

공동체란 이런 것이다. 저마다 이해의 층이 다르다.

회복적 정의

리처드가 처음 체포되었을 당시부터 오클랜드 지역에서 활동하는
여러 사회운동가들이 수자타 발리가에게 전화를 걸었다. 미국 내
최고의 회복적 정의 전문가 중 하나인 발리가는 치유의 가능성이
엿보이는 이런 상황에서 사람들이 의지하고 찾는 인물이었다. 그래
서 발리가는 앨러미다 카운티 지방검찰청에서 일하는 몇몇 지인들
에게 전화를 걸어 양쪽 가족이 회복적 정의 절차를 개시하는 데 관
심이 있다면 도와줄 수 있다고 알려 주었다.

"저는 밑도 끝도 없이 피해자에게 전화하지 않습니다. 회복적
정의를 강매하는 영업 사원이 아니니까요."

앨러미다 카운티에서는 중죄 혐의로 일반 형사 법원에 기소된
청소년을 위한 대안적 절차로서 회복적 정의 절차를 이따금 적용해
왔다. 기존의 형사 사법체계에서 벗어난 방법이기에 선도 조치로
알려졌다. 회복적 정의 절차를 적용하기로 하면, 지역의 비영리 단
체가 중재자가 되어 가해자와 가해자의 가족, 교사나 목사 같은 다
른 중요한 어른들과 함께 피해자와 피해자의 지지자, 변호인 등이

참여하는 '가족 집단 협의'라는 과정을 준비한다. 그 대략적인 얼개는 앞서 소개했던 오클랜드 고등학교의 회복적 정의 서클과 유사하다. 서클에 참여한 구성원들이 일어났던 일에 대해서 대화를 나누고, 어떻게 하면 피해를 복구할 수 있을지에 관한 계획을 제시한다. 형사 사건인 경우 이 계획 단계에서 측정 가능한 몇 가지 목표치를 설정한다. 가해 소년이 계획대로 충실히 이행하고 목표치를 달성하면 형사 기소는 진행되지 않는다.

메릴랜드주 볼티모어의 공동체협의센터가 진행한 최근의 연구를 보면 회복적 정의 절차에 참여하는 경우 기존의 사법 절차를 거친 가해자들에 비해 재범 가능성이 60퍼센트 낮다는 사실이 확인되었다.

"회복적 정의가 반드시 관용을 보장하지는 않습니다."라고 수자타 발리가는 신중하게 말했다. "그 자체가 어떻게 처벌할 것인가에 관한 논의이며, 관련된 모든 당사자들이 보다 효과적으로 치유될 수 있는 결과를 도출하려 애쓰는 과정입니다."

그럼에도 발리가는 리처드를 기존의 형사 사법제도로부터 완전히 분리하여 선도할 수 있는 가능성이 거의 없다는 사실을 알고 있었다. "사샤가 입은 피해의 심각성 정도를 고려할 때 아마도 지방검찰청에서 이 사건을 회복적 정의 절차로 선도하도록 허용할 것 같지는 않습니다."

회복적 정의를 추구할 권리를 가진 당사자가 있다면 그것은 이미 서로에 대한 연민을 표현한 두 가족이라고 할 수 있었다. "그분들

은 회복적 정의라는 대화를 진행할 수 있는 완벽한 후보라고 할 만
합니다. 그들 모두가 훌륭할 만큼 깨어 있는 아름다운 분들입니다."

그다지 내키지 않는

데비와 칼은 회복적 정의 절차의 필요성을 별로 느끼지 못했다. 의도치 않았던 재스민과의 만남으로 상처가 치유되는 순간을 경험하기는 했지만, 데비는 또다시 가해자 측을 만나는 일이 그다지 내키지 않았다. "리처드를 만난다고 해도 무엇을 얻을 수 있을지 모르겠어요. 별로 그러고 싶지 않습니다."

리처드를 성인이 아닌 소년으로 기소해야 한다는 의견을 제외한다면, 이 아이가 어떤 처벌을 받아야 할지에 대해서 제안하는 것도 경계하고 자제했다.

"저는 어떤 평가를 내리거나 어떻게 생각해야 할지를 판단할 만큼 그 아이에 대해서 충분히 안다고 생각해 본 적이 없어요."라고 데비는 말했다. "사법 당국의 관용을 청했다가 혹여 그 아이가 출소한 뒤 다른 누군가를 해치는 일이 생기는 건 원치 않아요. 그렇다고 그 애를 성인 교도소에 보내는 것도 바라지 않고요."

데비가 진정으로 바라는 건 사샤가 대학에 진학하기 위해 이 도시를 떠나기 전에 사건이 일단락되는 것이었다. 재판에서 증언을 하려고 사샤가 학기 중에 매사추세츠에서 비행기를 타고 오클랜드로 돌아오는 불상사만은 막고 싶었다.

"전 정식재판으로 가지 않길 바랍니다. 진심으로요." 데비가 말했다.

시민 대 리처드

리처드의 변호인인 빌 듀보이스는 회복적 정의를 둘러싼 전반적인 논의 모두가 불필요한 시간 낭비라고 생각했다. 지방검찰청에서 절대로 이 제안을 받아 줄 리 없다는 게 그의 판단이었다. "회복적 정의 절차는 이번 사건에서 고려 대상이 될 수 없었습니다. 저도 이 프로그램을 좋아하고 사실 이미 얘기를 꺼내 보기는 했습니다만 절대 그 대상이 될 수 없었습니다. 터무니없는 제안입니다."

지방검찰청은 양쪽 가족이 회복적 정의 절차를 진행하고자 원한다면 반대하지는 않겠지만 그런다고 리처드가 받을 형량이 달라지지는 않는다는 입장이었다.

"그가 징역형을 피할 수는 없습니다. 우리는 그가 저지른 짓을 그냥 지나칠 수 없습니다."라고 앨러미다 카운티의 지방 검사 낸시 오맬리가 말했다.

우리의 사법체계는 이처럼 논박을 불허하는 자체의 논리, 꿈쩍도 하지 않는 이분법이라는 논리 위에 서 있다.

유죄 대 무죄.

검사 대 변호인.

피해자 대 가해자.

지칠 대로 지친

봄이 가고 여름이 오고 있었다.

첫 번째 법원 출두에 이어 두 번째, 세 번째 출두가 이어졌다. 리처드 사건이 호명될 때마다 매번 판사가 다음 재판 기일을 정하는 것이 다였다. 양 당사자가 유죄 협상*을 기대하는 가운데 밝게 빛났던 재스민의 낙관주의도 시간이 지나면서 빛이 바래고 있었다. 그녀는 어두운 표정으로 법원에 도착해서 엘라베이커 센터의 마리아 도밍게스, 대리스 영과 나란히 복도 벤치에 앉아 리처드의 사건이 호명되기를 기다렸다. 재판이 어떻게 돌아가고 있는지 재스민에게 설명해 주는 믿을 만한 사람은 그 둘뿐이었다.

재스민은 사건에 대해서 얘기하는 데 지쳤다. 사건에 대해서 생각하는 데도 지쳤다. "저는 하루 열두 시간씩 일해요. 어떤 때에는 열네 시간 일하기도 해요. 집에 오면 바로 잠들고 싶어요." 복도 벤치에 고개를 수그리고 앉은 재스민은 바람 앞에 잦아드는 촛불처럼 아슬아슬해 보였다.

기자들은 이제 더 이상 법원에 나타나지 않았다. 다만 세 숙녀는

288

달랐다. 계속해서 법정을 찾았다. 단 한 번도 빠지지 않고.

* **유죄 협상** 피고가 유죄를 인정하거나 다른 사람에 대해 증언하는 대가로 검찰 측이
형을 낮추거나 보다 가벼운 죄목으로 기소하는 피고와 검찰 사이의 합의.

289

11부

법정에 입장하기 전에 핸드폰과 호출기의 전원을 꺼 주십시오.

법정 안에서는 음식물을 먹고 마시거나

껌을 씹는 행위가 금지됩니다.

재판 중에는 음식을 먹거나 대화하거나

소리 내어 무언가를 읽어서는 안 됩니다.

대기실에서 대화하거나 배회하지 마십시오.

수감자와의 여하한 의사소통은 일절 허용되지 않습니다.

최종적으로 어디로 가야 하는지 결정되기 전에 거쳐야 할 법정인 '11부'는 일종의 중간 기착지 역할을 한다. 사건별 첫 번째 심리 기일이 달력에 표시되고, 유죄 협상이 수락되고, 선고가 내려지는 법정이다. 이곳에서 정식재판은 열리지 않는다. 이곳은 마치 어음 교환소와 같아서 오전에는 들고나는 사람들로 북적이다가 점심 무렵에는 거의 빈다. 구류 상태인 피고인들은 배심원석에 앉아 자기 사건이 호명되기를 기다린다. 양손에 수갑을 찬 피고인들은 색으로 구분된 점프 슈트 죄수복을 입고 있다. 노란색은 최고 보안, 파란색은 최저 보안, 빨간색은 '행정적 분리'를 의미하는데, 이는 독거실 수감을 뜻하는 공식 용어이다.

변호사들이 줄줄이 법정을 드나든다. 방청석과 법정을 분리하는 문을 느긋하게 열고 판사 집무실로 들어가 판사들과 짧은 대화를 나누거나 법원 경위와 잡담을 나누기도 한다. 몸을 기울여 낮은 목소리로 자신의 의뢰인과 상의하며 메모를 남겼다가 기록을 살피기도 하고 일정을 확인하기도 한다.

방청석에는 친구들과 가족이 앉아서 지켜보고 있다. 익숙지 않은 약어와 라틴어, 고어가 뒤섞인 재판은 알아들을 수 없는 방언으로 연기하는 연극 같다.

재판이 진행되는 동안 누군가 소리 내어 말하면 그때마다 법원 경위가 큰 소리로 나무란다. "한 번 더 경고를 받으면 퇴정해야 하고 다시는 입장할 수 없습니다." 다 큰 어른들이 잘못을 지적당한 어린아이처럼 움찔하며 죄책감으로 조용히 입을 다문다.

시간이 조금 지나면 첫 번째 경고를 귀담아듣지 않은 사람들이 눈에 띄기 시작한다. 퇴정당한 후에는 주체할 수 없는 눈물로 얼굴이 얼룩진 채 복도 밖 벤치에 금세라도 무너질 것처럼 앉아 있다.

아마도

8월이 되었다. 사샤는 대학 입학을 위해 집을 떠날 준비를 하고 있었다. 흥분되기도 하고 약간 긴장되기도 했다. 긴장되는 주된 원인은 베이 지역을 떠난다는 사실 때문이었다. "여기서는 그다지 어렵지 않게 퀴어 친구들을 찾을 수 있거든요. 하지만 MIT에서는 나와 같은 사람들을 찾기 위해 좀 더 열심히 노력해야 할 거예요." 사샤가 설명했다.

여전히 압박 스타킹을 신어야 했지만 방화 사건은 기억에서 멀어지고 있었다. "흉터 자국만 뺀다면 전 완전히 나았다고 할 수 있어요."라고 사샤가 말했다. 다른 사람들은 믿기 어렵겠지만 사샤는 이 사건으로 트라우마가 생기거나 하지는 않았다. 신체의 고통이 잦아들면서 고통스러운 감정도 사라져 갔다.

"사실 누군가가 저를 혐오했다는 생각은 안 들어요. 공격을 받은 후에 오히려 전 세계가 저를 응원하는 것처럼 보였거든요. 뭐, 어쩌면 저를 혐오했던 사람은 한 사람뿐이었던 거겠죠."

여행 가방

여행을 앞두고 사샤는 짐을 꾸렸다. 침대보와 욕실화, 옷걸이, 자명종 같은 일상적인 물건들이었다. 여기에 더해 우쿨렐레와 지하철 노선도 한 묶음도 챙겼다.

당장 입을 옷으로는 버튼업 셔츠와 티셔츠 몇 장, 다리용 토시, 그리고 가지고 있는 치마를 전부 챙겼다. 컨버스 스니커즈 운동화 두 켤레와 플랫 슈즈 한 켤레도 챙겼다. 그리고 물론, 모자도 잊지 않았다. 털모자와 헌팅캡, 귀덮개가 달린 러시아 방한모자 우샨카, 이마 쪽에 빨간 별이 달려 있는 모택동 모자까지 골고루 일곱 개나 챙겼다.

소중한 책 몇 권도 가방에 넣었다. 채식 요리책, 알렉산더 매컬 스미스의 소설 『기차와 연인들』, 어슐러 K. 르 귄의 『어둠의 왼손』, 『블랙 프레임』이라는 무정부주의에 관한 책, 남성에서 여성으로 성별을 바꾼 한 시인에 관한 버지니아 울프의 소설 『올랜도』.

방화 사건으로 얻은 기념품 중에서는 두 가지만 사샤와 함께 MIT로 여행을 떠날 수 있었다.

하나는 압박 의류였고 다른 하나는 오클랜드 고등학교 학생들이 만들어 준, 한 줄로 길게 엮은 종이학이었다.

기도

이제 막 둥지를 떠나려는 외동아이를 바라보며 데비는 사샤의 아스 퍼거 증후군을 처음 진단했던 심리 치료사가 떠올랐다. 그이는 자 폐를 앓는 아이들을 수년간 보아 왔는데 그중 결혼에 성공한 경우 는 한 번도 없었다고 단언하며 데비와 칼에게 미래에 대한 기대치 를 낮추라고 조언했다. 약간의 운과 지난한 노력이 더해진다면 사 샤가 데이터 처리와 같은 단순한 직종에서는 일할 수 있으리라고 예측했다.

그때 사샤는 일곱 살이었다.

데비와 칼은 그 심리 치료사와 함께하지 않기로 결정했다. 그로 부터 10여 년이 흐른 오늘, 데비는 흡족한 마음을 감출 수 없었다. 데비는 사샤의 고등학교 졸업을 자축하며, "보시라, 우중충한 심리 치 료사 씨!"로 시작하는 글을 자신의 블로그에 올렸다.

사샤가 이제 MIT로 떠난다. MIT!!! 이 몽상가,
상상의 언어와 그 언어를 사용하는 세계의 창조자.

295

다정하고 재미있는, 때로는 성가시고, 때로는 영특하며, 순수한
나의 아기…….
이 아이는 이제 어른이 되었고
불꽃을 내뿜는 로켓처럼 발사를 기다리고 있다.
아름다운 밤하늘을 넘어 미지의 세계로
화염과 폭발에 영광이 깃들길,
온 우주가 이 아이를 환영하길.
그리고 사샤가
자신의 등 뒤에서 빛나는 후광 같은 우리의 사랑을 느끼길.

유죄 협상

사샤는 대학으로 떠났다. 벌써 2014년 9월, 버스 안 방화 사건이 일어난 지 거의 1년이 지났지만 아직도 사건은 법원에 계류 중이었다. 리처드는 법정 안을 꼼꼼히 훑어보며 들어왔다. 모두 다 눈에 담겠다는 듯이. 다른 재소자들은 천장을 보거나 바닥에 눈길을 주며 무기력하게 늘어져 있었지만 리처드는 한순간도 주의를 흐뜨리지 않고 집중했다. 누가 방청하러 오는지 관심을 가지고 살폈다. 특히 항상 함께 앉아 있던 나이 많은 백인 숙녀 세 분을 눈여겨보았다. 빠짐없이 재판을 방청하고 있음을 알아챈 법원 경위가 저분들은 누구냐며 묻기도 했다.

　지방검찰청은 유죄 협상을 제안했다. 리처드가 폭행 위협 혐의에 대해 5년 형을 받아들이면 검찰 측은 중상해와 혐오죄 가중 혐의를 취하하겠다고 했다. 이미 복역한 기간과 모범수 감형을 감안하면 현재 17세인 리처드가 21세 생일을 맞이하기 전에 석방될 수 있다는 의미였다. 바꾸어 말해 성인으로 기소되기는 했지만 남은 복역 기간도 성인 교도소로 이감되지 않고 소년 수용 시설에서 계속 복역할 수도 있었다.

변호인 듀보이스는 리처드가 이 협상을 받아들여야 한다고 생각했다. "우리 중 누구도 이런 거래가 달갑지 않았습니다. 다만, 생각할 수 있는 대안 중 최선의 선택인 거죠."

그런데 이즈음 듀보이스와 재스민 사이의 의사소통이 거의 단절된 상태였다. 재스민은 무엇을 믿고, 누구를 신뢰해야 할지 알 수 없었다. 리처드가 유죄 협상을 수용한다고 해도 그 애가 18세가 되었을 때 성인 교도소로 이감되지 않으리라는 보장이 있는가? 재스민은 불끈 쥔 주먹처럼 몸을 잔뜩 웅크리고 고개를 푹 숙인 채 11부 법정 밖 복도에 앉아 있었다.

"이 문제를 오늘 해결할 건가요?" 리처드 사건을 호명하며 폴 델루키 판사가 지친 듯이 물었다. "벌써 몇 달째 결정을 내리지 못하고 있는 것으로 아는데요."

"네, 그렇습니다." 변호인이 대답했다. 판사는 양측에 수주일 내로 법정에 복귀하라고 요청했다. 그때까지 유죄 협상이 합의에 이르지 않는다면 12월 8일에 공판을 열겠다고 했다.

"좀 지쳤어요. 이제 끝났으면 좋겠습니다." 재판이 질질 늘어지자 화가 난 데비가 말했다.

합의

리처드는 델루키 판사의 법정 안에 앉아 있었다. 그의 왼 다리에 찬 족쇄가 목재 의자에 쇠사슬로 묶여 있었다. 카운티에서 지급한 재색 스웨트셔츠와 카키색 바지 차림이었다. 처음 법정에 출두할 때 보였던 잔뜩 겁먹은 눈빛은 사라졌지만 여전히 경계하고 있었다.

2014년 10월 16일이었고, 버스에서 방화 사건이 일어난 지 11개월하고 12일째였다. 그날 아침 리처드는 유죄 협상을 받아들이기로 결심했다. 5년을 복역할 것이다. 이제 협상이 개시되기를 기다리고 있었다.

여느 때처럼 리처드는 법정 안을 낱낱이 훑어보았다. 녹색으로 물들인 붙임 머리를 길게 늘어뜨린 재스민이 왼쪽에 앉아 있었다. 그녀의 앞쪽에는 데비와 칼이 앉아 있었다. 애나 블랙쇼와 대리스 영을 포함하여 회복적 정의 단체의 활동가들이 여기저기 흩어져 앉아 있었다. 세 명의 숙녀는 평소대로 뒤쪽 열에 앉아 있었다. 몇몇 기자들이 앞쪽 열에 앉아 있었다.

모두 이 사건이 매듭지어지는 걸 보려고 참석했다. 그러나 그날 아침 지방검찰청은 갑작스레 5년 형 제안을 철회하고 새로운 제안을 내놓았다. 주립 교도소에서 7년 형.

변호인 듀보이스가 법정 밖 대기실에서 재스민에게 소식을 전했다. 재스민은 분노와 실망으로 폭발했다.

"아니요! 안 돼요! **안 돼!**" 재스민이 소리쳤다. "전 얌전하게 굴었잖아요. 예의 바르게 참아 왔어요."

하지만 그녀가 할 수 있는 일은 아무것도 없었다. 지방검찰청이 모든 카드를 쥐고 있었다. 받아들이든가 아니면 정식재판으로 가든가. 변호인이 검찰 측 입장을 전했다.

사정을 설명하려고 듀보이스가 리처드 옆으로 의자를 당겨 앉았다. 새로운 소식을 전해 듣자 리처드는 머리를 푹 숙였다.

재스민은 허리를 꼿꼿이 세우고 앉아 자리를 지켰다. 눈길만은 아들에게 고정하고 있었다. 리처드가 고개를 돌리자 엄마와 눈이 마주쳤다. 두 사람은 오랫동안 그렇게 말없이 바라보았다. 가슴 저미는 순간이었다. 리처드가 다시 변호인 쪽으로 고개를 돌리더니 새가 날갯죽지로 몸을 감싸듯이 어깨 사이로 고개를 숙였다. 재스민은 한 손으로 입을 가리고 다른 손은 주먹을 꽉 쥐었다.

경위가 리처드의 족쇄를 풀어 주었다. 꿈을 꾸는 듯 노곤하기도 하고 피곤하기도 한 듯이 리처드가 느리게 움직이며 몸을 세워 일어났다. 다시 한번 뒤를 돌아 엄마를 보았다. 두 눈에 눈물이 고였고 낯빛이 파리했다. 그런 다음 몸을 굽혀 유죄 협상 문서에 서명했다.

조건

협상 조건에 따라 리처드가 일련의 기준을 성공적으로 통과한다면 전체 형기가 5년으로 단축될 가능성은 있었다. 선고 후 3개월이 지난 시점에 판사는 캘리포니아주의 소년 교정 시설을 일컫는 '소년 사법부'로부터 리처드의 품행 평가서를 받게 된다. 모범적으로 생활하고 소년 교정 시설에서 시행하는 교육 및 재활 프로그램에 잘 참여한다면 그로부터 3개월이 지난 후, 18세 생일을 맞이하기 직전에 법정에 출두하여 두 번째 평가를 받게 된다. 이 두 번째 평가도 긍정적일 경우 판사는 주립 교도소 7년 형을 5년 형으로 다시 선고할 것이고, 그러면 수감 기간 내내 소년 교정 시설에서 머무르는 것이 가능해진다. 하지만 두 차례의 평가 중 한 번이라도 감점을 받는다면 7년 형이 그대로 유지될 것이다. 이 경우 리처드는 18세가 되었을 때 성인 교도소로 이감된다.

듀보이스조차 화나는 마음을 감추지 못했다. 심리가 끝나자 "그 애는 이제 늑대 우리에 던져진 셈입니다."라고 말했다. 부정적인 품행 보고서가 작성될 수 있는 시나리오는 너무 많다고 변호인이 지적했다. 이를테면 다른 수감자로부터 폭행을 당하거나 가학적인 시설 직원에게 추행을 당할 수도 있는 일이었다. 몇 주가 지난 후에도 그는 여전히 화가 가라앉지 않았다. "품행 발달 보고서가 **한 번이라도** 부정적으로 작성된다면 무려 5년이나 성인 교도소에서 복역해야 합니다. 톡톡히 벌을 받는 거죠. 그런데 무엇을 위해서요? 이 아이를 **진짜** 폭력배로 만드는 게 공동체를 보호하는 일이랍니까?"

'구조화된 환경'이란

낸시 오맬리 지방 검사는 마지막 순간에 검찰 측 제안이 수정된 이유를 제대로 설명하지 않았다. 다만 지방 검사보들이 인내심을 잃었던 것만은 분명해 보였다.

"계속해서 심리가 연장, 연장, 연장을 거듭한 결과로, 그는 의미 있는 치료를 받지 못한 채 구금 시설 안에 앉아서 허송세월을 보냈습니다."라고 낸시 오맬리는 말했다.

카운티 산하의 소년원보다는 캘리포니아주가 관리하는 소년사법부 시설이 보다 다양한 서비스를 제공하므로 리처드의 형이 빨리 선고될수록, 그런 서비스를 보다 일찌감치 이용할 수 있다는 것이 그녀의 주장이었다. "우리는 이 젊은이가 출소했을 때, 다시는 버스에 타서 다른 사람에게 방화하지 않도록 단속해야만 합니다."라고 낸시 오맬리가 말했다.

물론 리처드가 열여덟 살이 되기 전에 형량이 조정되지 않는다면 소년사법부 시설에 머물 시간은 그리 길지 않았다. 곧 선택할 수 있는 프로그램의 종류가 빈약한 성인 교도소로 이감될 것이다. 하

303

지만 낸시 오맬리는 리처드가 자신이 정해 둔 기준을 충족할 수 있으리라고 확신했다.

"그에게는 안된 일이지만 모든 면에서 볼 때 그 청년은 구조화된 환경에서 잘 해낼 부류로 보입니다. 하지만 그가 구조화된 환경 속에서 영원히 살게 되지는 않을 것입니다."

이것이 낸시 오맬리가 파악한 이야기의 전말이었다. 리처드는 갇혀 있을 때 올바르게 행동하지만, 그렇지 않을 때 비행을 저지른다. 일련의 상황을 이렇게 보는 한, 그 해결책은 리처드를 가두는 것뿐이었다.

그 애 친구들이 어떻게 되었는지 보세요

리처드의 몇몇 친구들도 같은 결론에 도달했다. 다만, 리처드로부터 이 세상을 보호하기 위해서가 아니라 이 세상으로부터 리처드를 보호하기 위해서. 그들이 알고 있는 세상에는 막다른 골목이나 위험한 변두리가 너무 많았고 명확하게 표시된 탈출구는 없었다.

리처드의 사촌인 제럴드는 레딩에서 리처드가 돌아왔던 여름을 기억하고 있었다. 리처드는 의욕과 다짐으로 충만했었다. "그 애가 처음 돌아왔을 때는 자신이 잘하고 있다고, 일이며 이런저런 것들을 해 나갈 거라고 말했어요. 그런데 나쁜 애들과 어울리기 시작하더니 달라지더라고요."

그 나쁜 애들이 누구인지 제럴드는 직접 언급하지 않았다. 다만 짐작은 해 볼 수 있다. 리처드가 체포되고 선고를 받는 사이에 그 애의 오랜 친구 중 둘이 각각 체포되었다. 하나는 차량 탈취, 다른 하나는 가택 침입 강도죄라는 심각한 범죄를 저질렀다. 두 친구 모두 성인 교도소 5년 형을 선고받았다.

셰리는 이렇게 말했다. "감옥이 모두를 위해 좋은 곳일 수는 없겠지요. 하지만 그곳에서라면 그 애의 목숨을 지킬 수 있지 않을까요? 그 애 친구들이 어떻게 되었는지 보세요. 리처드가 친구들이 갔던 길을 모두 따라가지는 않겠지만 그중 몇몇 사건에는 휘말렸을 거예요."

리처드의 친구들 모두가 어떤 형태로든 마주해야 했던 딜레마였다. 어른들은 친구가 위험한 길을 가면 관계를 끊으라고 말했다. 하지만 친구를 잃고 나면 누구를 믿을 수 있을까? 누구에게 의지하고 도움을 받을 수 있을까?

피해 결과 진술

11월에 선고를 받기 위해 리처드는 다시 법정에 출두했다. 데비와 칼, 그리고 재스민과 줄리엣 이모도 방청석을 지켰다. 이번에는 로이드도 함께 했다. 리처드의 재판에 로이드가 모습을 드러내기는 이번이 처음이었다. 방청석에 앉은 가족을 보고 리처드의 얼굴에 미소가 스쳤지만 껍질 속으로 숨어드는 달팽이처럼 이내 사라졌다.

데비는 피해 결과를 진술해 달라는 요청을 받았다. 방청석과 법정을 분리하는 나무 울타리를 지나 자리로 안내되었고 물을 한 모금 마시며 목소리를 가다듬었다. 그런 다음 리처드 앞에 서서 큰 소리로 편지를 읽었다. 목소리가 떨렸다.

"당신은 버스에서 잠든 우리 아이를 공격했습니다."라고 서두를 뗐다. "어쩌면 치마를 입은 사샤가 이상해 보였을 수도 있습니다."

까맣게 타 버린 피부, 고통스러운 피부 이식, 매일 붕대를 감아야 했던 기나긴 시간들까지 사샤가 겪어야 했던 고통을 묘사할 때도 리처드의 시선은 데비에게 머물러 있었다. 이내 리처드의 두 눈에 눈물이 차올랐다.

"우리 가족은 당신이 저지른 일을 이해할 수 없습니다." 데비가 계속 읽었다. "하지만 증오는 더 큰 증오와 분노로 이어질 뿐이라고 생각합니다. 우리는 당신이 증오심으로 가득 찬 채 감옥에서 나오길 바라지 않습니다. 이 사건이 발생한 뒤로 여러 지역사회에서 옷을 입는 방식 때문에 또는 게이이거나 트랜스이거나, 아니면 에이젠더라는 이유로 조롱당하거나 다치거나 괴롭힘을 당하지 않을 사샤의 권리, 그리고 우리 모두의 권리를 확인해 주었습니다. 앞으로 남은 몇 년 동안 당신이 이해와 공감을 배우기를 우리는 진심으로 바라고 있습니다. 어쩌면 언젠가는 **당신이** 괴롭힘 당하는 누군가를 도와주는, 그런 사람이 될 수 있을 겁니다."

재판이 끝나고 데비와 칼은 약 30분 정도 언론과 인터뷰하며 질문에 답했다. 그런 다음 법정을 나와 근처 길가의 카페에 들러 11월의 햇살 아래서 커피를 마셨다. 두 사람은 기자와 이야기하는 데 지쳤고 이제 안심해도 좋을지, 아니면 화를 내야 하는 건지 알 수 없었다.

"그 애가 우리 얘기를 듣게 하는 게 중요하다고 느꼈어요." 데비가 자신이 읽었던 편지에 대해서 말했다. "'용서를 받았으니 별거 아냐.'라고 생각하지 않았으면 좋겠어요. 그렇지만," 데비의 목소리가 부드러워졌다. "리처드도 다르게 풀렸으면 좋았겠다 싶어요. 사샤는 우리에게 돌아왔잖아요. 하지만 가엾은 재스민은 몇 년 동안 아들을 볼 수 없어요."

"저로서는 그 애가 너무 앳된 모습이어서 마음이 아팠습니다."

칼이 말했다. "그냥 평범한 어린애 같더라고요."

"그들they이 잘 해내길 바라요. 그들이 기죽지 않았으면 좋겠어요."라고 데비가 말했다.

"그들이 아니고 그." 칼이 고쳐 주었다.

"맞아요. 그 애가 주눅 들거나 망가지지 않았으면 좋겠어요."

범생이 형제회

리처드가 법정에서 선고를 받을 무렵 사샤는 MIT 기숙사를 나와 캠퍼스에서 약 3킬로미터 떨어진 식민지풍의 노란색 저택 안에 마련된 '엡실론세타'ᶜᵉ에 합류했다. 본래는 해군 형제회가 사용했던 건물인데 지금은 "이름만 '형제'회"가 사용하는 전용 기숙사라고 사샤가 설명했다.

"우리는 그다지 재미없는 애들이에요. 혼성 집단이고, 괴짜 범생이들이죠." 사샤가 말했다. "엡실론세타는 일종의 반ᴿ형제단 같아요." 생각이 비슷한 사람들을 모아 놓은 동아리랄까, 사샤처럼 수줍음 많은 사람에게는 완벽한 공간이었다. "수업이 없을 때는 항상 엡실론세타에 와 있어요."라고 사샤가 설명했다.

엡실론세타에는 특이한 점이 많았는데 그중 하나는 침실 안에 침대가 없다는 것이었다. 방은 공부나 사귐을 위한 공간이었다. 엡실론세타에 거주하는 21명의 학생 모두가 다락방의 공동 침실에서 잤다. 이 공간은 항상 어둡고 조용하기에 학생들은 하루 중 언제라도 원한다면 방해받지 않고 꿀잠을 잘 수 있었다.

자거나 공부하지 않을 때 엡실론세타의 학생들은 비디오게임을 즐겼다. 정교한 퍼즐을 만들거나 풀고, 여러 가지 보드게임을 하거나 새로 만들어 내거나 재구성했다. 실사로 마피아 게임을 하면서 서로를 살해하는 연기도 했다. 요리사 캐런이 준비해 준 음식으로 함께 식사했고, 이를테면 '낫 커피'(정의에 따르면, 일주일에 한 번 공부를 쉬면서 대체로 커피는 빼고 맛있는 간식을 먹는 시간)나 '스테레오 워즈'(결승전 시작 전에 진행하는 소리 지르기 대회) 같은 기이하고 괴짜 같은 여러 다양한 전통을 지켜 왔다.

엡실론세타에서 논바이너리는 사샤가 유일했지만, 성별에 따라 나뉘었던 화장실 명칭을 사샤의 요청대로 바꾸었다. 엡실론세타의 화장실은 해군 형제회 시절의 언어 습관대로 '헤드'라고 불렸다. 이제 헤드는 '남성 등'과 '여성 등'으로 나뉘었다.

"'난 분명 남성이야.'라는 사람만 빼고 모두 '여성용 헤드'를, '난 분명 여성이야.'라는 사람만 빼고 모두 '남성용 헤드'를 사용할 수 있어요."라고 사샤가 설명했다. 정의에 따르면 사샤는 양쪽 화장실 모두를 이용할 수 있었다.

방학을 맞아 오클랜드의 집으로 돌아왔을 때 사샤는 ЄΘ가 새겨진 스웨트셔츠를 자랑스레 입고 다녔다. 사실, 보라색 셔츠와 글자 색조가 거의 같아서 엡실론세타를 알아보기는 좀 어려웠다.

사샤는 MIT에서 행복했다. 자기와 어울리는 사람들을 찾았고 대학 강의도 좋았다. 불에 대한 기억은 이미 먼 옛일이었다. MIT에서는 이런 사건이 있었다는 걸 아는 사람도 별로 없었다.

결국 어떻게 되었는지

오클랜드의 한 카페에서 셰리가 스무디를 홀짝이며 까마득한 옛 시절, 리처드와 자신이 열네 살이던 무렵을 회상하고 있었다. 셰리는 홀치기염색을 한 청록색 티셔츠와 청바지 차림에 커다랗고 동그란 금색 귀걸이를 했다. 허리까지 내려오는 긴 머리카락은 윤이 났고 흠 없이 매끄러운 피부 위에서 장신구가 반짝였지만, 뺨을 타고 흘러내리는 두 줄기 눈물 때문에 얼굴이 얼룩졌다.

셰리가 말을 꺼냈다. "우리가 여기저기 다니면서 싸우고 학교를 땡땡이치는 바람에 망한 셈이에요. 혹시 카르마라고 들어 보셨어요? 우리에게 주어진 일을 마땅히 했어야 해요. 우리 꼴이 결국 어떻게 되었는지 한번 보세요."

셰리는 손가락을 하나하나 꼽으며 친구들이 어떤 결과를 맞이했는지 확인했다. 스키트는 죽었다. 애슐리는 이른 나이에 엄마가 되었다. 해다리와 제시는 주립 교도소에서 복역하고 있었다. 리처드는 중죄 혐의로 유죄 판결을 받았다.

남은 것은 셰리와 데이, 단 둘뿐이었다. 두 친구는 열여덟 살이 되었지만 아직 고등학교를 졸업하지 못했다. 고등학교 졸업장을 포기한 것은 아니지만, 따라잡으려면 해야 할 게 많았다.

"슬픈 이야기예요. 생각하고 있으면 그냥 너무 슬퍼요." 셰리가 말했다.

편지 전달

2015년 1월, 사샤의 가족은 리처드가 14개월 전에 쓴 두 통의 편지를 비로소 전달받았다.

"편지를 읽고 그 애의 마음에 많이 공감하게 되었어요." 사샤가 말했다. "그 애의 관점에서 본다는 게 무척 감동적이더라고요."

데비와 칼도 편지를 읽었다.

"왜 1년 전에 그 편지를 보지 못했을까 아쉬웠습니다." 칼이 말했다.

"1년 전에 보았더라면 많이 달라졌을 텐데요."라고 데비도 말했다. "리처드의 앞날에 관해서 좀 더 관여했을 것 같아요, 아마도. 그 애가 '제가 잘못했어요. 미안합니다. 빨리 낫기를 바랍니다.'라고 썼는데, 이런 인정이 저에게 의미가 컸어요."

데비는 한숨을 내쉬었다. "그 애 편지를 먼저 읽었다면, 법정에서 피해 결과를 진술할 때 다르게 얘기했을 거예요."

채드

2015년 1월 2일, 리처드는 크라운 빅토리아 호송차의 뒷좌석에 올라 앨러미다 카운티 소년원을 떠났다. 한 시간 20분가량 고속도로를 타고 이동한 뒤 캘리포니아주 스톡턴에 도착했다. 여기서부터 호송차는 곧게 뻗은 긴 도로를 오래도록 내달렸다. 왼쪽에는 갈아 놓은 고랑과 줄지어 서 있는 나무가 보였고 오른쪽에는 갈색 풀이 자라고 있었다. 가시철망을 머리에 인 철문을 통과하면 파란색 지붕을 얹은 나지막한 흰색 건물이 나타난다. 흔히 '채드'라고 알려진 N. A. 채더진 소년 교정 시설로, 18세에서 25세 사이의 남성 수감자 약 230명을 수용하고 있었다.

기회

소년사법부가 배포한 『청소년 권리 핸드북』에서 발췌.

모든 선택지를 고려한 후 소년 법원 혹은 성인 법원은 귀하를 소년 사법부에 위탁 또는 수용하기로 결정했습니다. 귀하는 이제 막 이곳으로 호송되었으므로 불안감이나 두려움을 느낄 수 있습니다. 이 핸드북은 귀하의 권리와 소년사법부 시설 수용 중 발생할 수 있는 사항에 대한 이해를 돕고, 자주 묻는 질문에 답하여 소년사법부에 머무는 동안 필요한 정보를 제공하고자 제작되었습니다.

소년사법부는 귀하가 이곳에서의 수감 생활을 성공적으로 마치고 앞으로는 형사 사법제도와 결별하게 되기를 바랍니다. 다수의 청소년들이 이곳에서 원만하게 생활하고 있으며 다시는 문제를 일으키지 않습니다. 그렇게 되는 것이 모두에게 이롭고 특히 귀하에게 가장 좋은 일입니다. 이곳에서의 시간을 형벌이 아닌 기회라고 생각하고 우리가 제공하는 모든 서비스를 충분히 활용하길 바랍니다. 그렇게 할 수 있다면 석방 이후를 보다 잘 준비할 수 있고 지역사회로 성공적으로 복귀할 수 있으리라 확신합니다.

기본적인 생필품

귀하에게는 다음과 같은 권리가 있습니다. (중략)

건강하게 머물며 생활하기 위해 필요한 기본적인 것들을 제공받을 권리. 다음과 같은 필수 사항에 대한 권리가 포함됩니다.

- 건강에 좋은 음식
- 수면
- 운동
- 하루 한 번 샤워
- 의료 서비스
- 읽을거리
- 부모나 후견인, 변호인과의 연락
- 깨끗한 물
- 침구
- 음수대
- 변기
- 종교 서비스 이용
- 우편물의 송수신

접수대 또는 시설에 도착하면 캘리포니아주가 지급하는 깨끗한 기본 의류와 함께 충분한 양의 개인위생 용품을 제공받게 됩니다. 매일 샤워할 수 있고, 비누와 샴푸, 수건, 칫솔, 치약 및 기타 위생 용품이 제공됩니다. 매점에서 다른 의류나 위생 용품을 구매할 수도 있습니다.

매점에서 구매할 수 있는 물품은 아래와 같습니다.

- 의류(바지, 스웨트셔츠, 방한복, 유명 브랜드 신발)
- 음식(간식 및 청량음료)
- 위생 용품(로션, 헤어 제품, 여성 청소년을 위한 화장품)
- 전자 제품(MP3 플레이어와 워크맨)

금지 품목

다수의 품목은 반입을 금지합니다. 몇 가지 예를 들면 다음과 같습니다.

- 담배
- 규제 약물
- 마약 흡입·주입을 위한 도구
- 마약
- 도박 용품이나 복권

- 갱과 관련한 그래피티나 물건
- 현금
- 외설적인 그림이나 사진, 프린트 등
- 무기나 폭발물
- 핸드폰, PDA, 호출기 등

수색

귀하에게는 다음과 같은 권리가 있습니다. (중략)

가장 덜 불쾌한 방법으로 수색

당 시설 내에서 귀하와 타인의 안전을 보장하기 위해 반드시 수색이 필요합니다. 수색 방법은 다양합니다.

소지품 또는 방 수색

금지된 물품이나 증거물을 찾기 위해 우리 직원이 귀하의 방이나 소지품을 수색할 수 있습니다. 소지품과 방 수색은 가능한 한 귀하가 함께 있는 자리에서 진행되어야 합니다. 우리 직원은 귀하의 의류, 침구, 서적 그리고 귀하의 방 안에 있는 모든 소지품을 살펴볼 것입니다.

몸수색

정기적으로, 또는 직업교육실을 나올 때와 같은 특정 경우에 옷을 입은 상태에서 몸수색을 실시합니다.

알몸 수색

알몸 수색을 실시할 때에는 옷을 벗어야 합니다. 알몸 수색은 귀하의 프라이버시를 최대한 존중하여 귀하와 성별이 같은 교도관 또는 면허를 소지한 의료진만이 참석하고 수색에 참여할 수 있습니다. 직장 또는 질 안에 금지 품목을 숨긴 것으로 의심될 때에는 직장 또는 질 수색을 실시할 수 있습니다. 이런 유형의 검색은 면허를 가진 의료진만이 수행할 수 있습니다.

그때와 지금

10년 전 캘리포니아주에서는 11개 주립 수용 시설과 6개 갱생 훈련 소에 약 1만 명의 청소년이 수감되어 있었다. 오늘날에는 약 700명 의 소년들이 주립 시설 세 곳, 그리고 위험도가 낮은 소년들이 화 재 진압 활동을 수행하는 보호 훈련소 한 곳에 수감되어 있다. 폭력 이나 성범죄와 같은 강력 범죄를 저지른 소년범만이 소년사법부 시 설에 수감된다.(경범죄를 저지르고 유죄판결을 받은 소년범의 경우 카운티의 소년원 또는 그룹홈에서 선고받은 기간을 복역하거나 위 치 추적 장치가 부착된 전자 발찌를 차고 지역사회에 그대로 머무 른다.)

일반 법정에서 재판을 받으면 보통 성인 교도소에 수감되듯, 소 년사법부 시설에 수감된 대부분의 젊은이들은 소년 법원에서 재판을 받았다. 이곳에 수감된 재소자는 보통 2년에서 3년 정도 복역한다.

채드에는 총 12개의 수용동이 있는데 현재는 9개 동만 사용하 고 있다. 젊은 수감자들이 소프트볼이나 미식축구 또는 축구를 할 수 있게 거친 잔디를 깔아 놓은 운동장을 중심으로 수용동이 반원

형으로 배치되어 있다. 여름에는 타는 듯이 덥고 겨울에는 황량하게 추운 곳이다. 초록이 자라지 않는 갈색 언덕, 철조망 울타리, 기둥 위의 탐조등이 음울한 분위기를 자아낸다. 그러나 혹독한 날씨, 일제히 쪼그리고 앉은 듯이 납작하기만 한 건물들, 소년들이 저지른 범죄의 심각성에도 불구하고 채드는 끔찍한 공간 같지는 않다. 편안하고 틀에 박히지 않은 분위기만 보면 교도소라기보다 학교에 가까워 보인다. 수감된 소년들은 수업을 듣고 직업훈련을 받는다. 관내 일자리가 있으면 근무도 하고 인지행동 상담 모임에 참여한다. 일터나 학교에서 돌아오면 피곤하다고 불평하는 경우는 있어도 지루하다고 불평하는 일은 없다.

10년 전의 채드는 지금과는 아주 다른 모습이었다. 2005년 8월, 조셉 대니얼 맬더나도라는 18세 소년이 채드의 수용동 중 하나인 파하로 홀에 있는 자신의 방에서 스스로 생을 마감했다. 조셉은 2층 침대 기둥에 침대보를 묶어 목을 맸다. 이전 8주 동안 하루 24시간 가까이 수용 거실에 갇혀 지냈고 반복해서 정신 건강 진료를 요청했지만 번번이 거부되었다. 캘리포니아주의 소년 수용 시설 안에서 수년 동안 발생한 다섯 번째 자살 사건이었다.

그 무렵 캘리포니아주의 소년 수용 시설은 가혹하고 폭력적인 처우, 낙후하고 음울한 시설, 과밀한 수용으로 악명 높았다. 어린 수감자들을 일상적으로 독거실에 감금했고, 심지어 우리에 갇힌 채로 운동을 하거나 수업을 받아야 했던 수감자들도 있었다. 물리적인 폭력과 향정신성 약물 사용이 만연했다. 폭력은 마치 악취와도 같이 이 공간 안을 떠돌았다. 교사가 부족해 툭하면 수업이 취소되었다. 일자리를 찾기 어려웠고, 직업훈련은 시늉만 내는 수준이었다. 교도관들에게는 정해진 형량에 수용 기간을 더하는 식으로 어린 수감자들을 처벌할 수 있는 권한이 있었다. 그 결과 캘리포니아주 소년범들의 수용 기간은 미국 전체 소년범의 평균보다 세 배 더 길었다. 일단 출소한 뒤에도 캘리포니아주 청소년들은 교도소의 손아귀에서 벗어날 수 없는 것처럼 보였다. 출소자의 80퍼센트가 3년 이내에 수용 시설로 되돌아왔기 때문이다.

2003년에 열린 패럴 대 하퍼 소송*이 대대적인 개혁의 계기가 되었다. "우리 시스템은 모서리를 땜질하는 것으로 충분한 정도가 아닙니다. 보이는 거의 모든 것이 고장 난 상황입니다." 2006년, 주가 인증한 교정 전문가들로 구성된 패널 중 한 명이 내린 결론이었다. 그해 말 이 패널은 캘리포니아주의 소년 수용 시설을 완전히 개편하는 계획을 발표했다.

하지만 계획이 수립된 후에도 실행되기까지 시간이 걸렸고 그 사이 개혁가들은 지속적으로 압력을 행사했다. 이후 10년이 채 지나지 않은 지금 캘리포니아주의 소년 수용 시설은 미국 최악의 시설에서 최고의 시설 중 하나로 거듭나고 있다. "이제는 독방에 가두는 경우는 별로 없습니다. 폭력은 줄어드는 추세고 직원은 물론 수용된 아이들의 만족도가 높아지고 있습니다. 완전히 새로운 곳으로 변모했습니다." 2002년에 처음 소송을 제기한 이래 주 정부의 이행 상황을 계속해서 추적해 온 비영리단체 '프리즌로오피스'의 이사

돈 스펙터가 말했다.

전적으로 악행을 처벌하는 데만 집중했던 구습에서 벗어나 이제 교정 시설의 직원들은 모범적인 행동을 관찰하고 보상하는 데 역점을 두고 있다. 규칙을 지킨 소년 재소자들은 '긍정 점수'를 받게 된다. 도움을 요청하기, 대화를 통해 갈등 해결하기처럼 수용 시설 밖에서 원만하게 행동하기 위해 필요한 대인 관계 기술을 잘 사용하는 경우에도 마찬가지다. 하루 동안 모범적으로 행동하면 저녁 8시에 자기 방으로 돌아가지 않고 공용 공간에서 한 시간 더 머물 수 있다. 일주일 동안 잘하면 '인센티브 보관함'에서 사탕이나 포테이토칩, 소다수 같은 간식거리를 집어 올 수 있다. 한 달 동안 모범적으로 행동하면 피자 파티나 나초 파티에 초대받는다. 그리고 충분히 오랜 기간 동안 올바로 행동했을 때에는 자기만의 작은 동굴과도 같은 '인센티브 룸' 두 개 중 하나를 골라 일주일 동안 머물 수 있는데, 이곳에는 위성방송인 다이렉티비, 비디오게임 콘솔, 편안하고 알록달록한 침구, 그리고 숨 막힐 정도로 더운 스톡턴에서는 매우 소중한 가전인 선풍기가 구비되어 있다.

---

* **패럴 대 하퍼 소송** 캘리포니아주 청소년청의 불법적 관행과 지출에 대한 소송으로 소년 교정 시설의 실패에 대한 지적이 제기되었다.

위험한 생각

"하나만 물어보자. 하루 중 언제든 위험한 생각이 떠오를 때가 있니?" 리키 린지가 물었다.

채드의 가석방 담당관인 린지는 페더 홀 안에 있는 아담한 회의실에서 리처드를 비롯한 일곱 명의 젊은 수감자들과 상담하고 있었다. 페더 홀은 채드에서 위험 수준이 가장 낮고 모범적인 수감자들이 거주하는 수용동이다. 늦은 오후였다. 젊은 수감자들은 그날의 수업과 작업을 모두 끝낸 뒤였다. 저녁 식사 전에 의무적으로 마쳐야 하는 하나 남은 일과가 바로 '카운터포인트', 즉 문제 해결과 관점 파악에 대해서 가르치고자 고안된 인지 행동 프로그램이었다.

"문제에 휘말릴까 봐 두려워요."라고 흰색 티셔츠를 입은 젊은 남자가 말했다. 그는 의자 뒤에 놓인 화이트보드 쪽으로 등받이를 젖혔다. 이젤이 놓인 자리를 제외한다면 이 회의실은 부잣집 옷장보다 조금 큰 정도였다. 리처드는 무릎 위에 두 팔을 얹고 조용히 앉아 귀를 기울였다.

"그럼 네가 문제에 휘말리는 원인이 뭐지?" 린지가 물었다. 몸

집이 다부진 리키 린지는 딱딱하지 않게, 이웃처럼 친근하게 말을
붙이는 사람이었다.

"이를테면 행동 같은 거요."

"어떤 행동으로 인해 문제가 발생하지?"

"화."

"무엇이 너를 화나게 만드는데?"

"분노."

"그러니까 뭐가 너를 분노하게 하는데? 한번 말해 봐."

"존중하지 않는 거."

"존중받지 못한다고 느끼면 기분이 어때?"

"기분이 상해요."

"기분이 상해? 그래서 어떤 생각이 드는 것 같아?"

"기분대로라면 반응해야 할 것 같아요." 젊은 남자가 대답했다.

"합리화?" 머리가 짧은 다른 소년이 말했다. 당당한 태도로 보
아 신출내기는 아닌 것 같았다.

"합리화가 위험한 생각으로 넘어가는 이유가 뭘까?"

"사람들은 대부분 행동하기 전에 생각하지 않아요."라고 안경
쓴 소년이 설명했다. "제 생각에는요. 하지만 이런 생각을 하면서
제가 하려는 일을 여전히 합리화하고 있는 것 같네요. 고집이 센가
봐요."

린지는 고개를 끄덕였다. 마치 '이제 거의 다 왔네.'라고 말하는
것 같았다.

"위험한 생각. 너희가 여기까지 온 데는 모두 이유가 있어, 그렇지? 내가 하려는 말은, 너희가 여기에 와 있는 건 너희가 가졌던 위험한 생각 때문이라는 거야. 그날 밤 그 가게에 가지 말았어야 했는데. 그날 밤 그 남자를 털지 말았어야 했는데. 그날 밤 그치와 싸우지 말았어야 했는데. 맞지? 그날 밤 권총을 챙기지 말았어야 했어. 그렇지? 자, 이제 말해 보렴."

"그게 아니라, 진짜로 생각해 보지 **않았기** 때문 아닐까요?" 다른 소년이 자기 생각을 말했다. 검은색 바람막이 점퍼 차림의 그에게서는 어쩐지 냉소적인 분위기가 묻어났다.

"그럴 수도 있지." 린지가 동의했다. "사람들은 다른 사람들의 영향을 받기도 하거든. 주변 환경을 완벽하게 인식하지 못하는 것 자체가 위험한 생각이 될 수 있어. 마음이 올바른 상태에 있지 않으니까. 그게 위험한 생각인지 어떻게 하면 알 수 있을까?"

"의심요." 머리를 뒤로 빗어 넘겨 말총처럼 묶은 소년이 말했다. 몸을 앞쪽으로 수그려 두 팔을 무릎 위에 늘어뜨리고 있었다. 그의 두 눈은 린지를 바라보았다.

"의심." 린지가 되받아 말했다. "한번 설명해 보렴."

"양심이 마음속에서 '그건 나쁜 짓이야.'라고 말할 때, 그런 일을 해서는 안 된다는 걸 사실은 알고 있는 거죠."

"너의 양심." 린지가 받았다. "마음속 작은 천사와 작은 악마 말이지."

"그런데 나쁜 목소리를 따른 거죠." 말총머리 소년이 말했다.

"착한 목소리를 **들었어야** 하는데. 그 착한 목소리가 근본적으로는 **자신**이죠."

"착한 목소리는 어떤 직감을 주지." 검은 테 안경을 쓴 소년이 말했다.

"그 목소리는 '너 옳은 일을 하고 있는 게 맞아?'라고 묻고 있지."라며 린지가 동의했다. "그래, 맞아. 너희들 마음속엔 좋은 친구 하나, 나쁜 친구 하나가 있어. 어느 쪽 말을 들을래?"

"저한텐 나쁜 친구가 둘이에요."라며 검은색 바람막이 소년이 말했다. 씩 웃고 있었다.

린지가 웃음을 터뜨렸다. "그렇지, 각자 모두 다르지." 그는 여러 종류의 위험한 생각을 정리해 둔 종이를 한 장씩 나누어 주었다. "'지나친 일반화', 이게 무슨 뜻일까?"

"'너는 항상 내 탓을 해.'" 안경 쓴 소년이 지나치게 일반화하는 사람을 흉내 내며 말했다. "'그 교도관은 나만 잡으려고 해요.' '당신은 항상 나에게 부정 점수만 줘요.'"

린지가 고개를 끄덕였다. "그렇지!" 그는 다른 항목도 살펴보았다. "'부정적 과장'." 언제나 최악의 사태가 일어날 거라고 확신한다는 한 소년의 할머니가 여기에 해당됐다. "'절박하다고 당연시하기'는?"

"이런 거죠. '나한텐 이게 필요해.' 아니면 '나는 이걸 가질 권리가 있어.'" 누군가 말했다.

"응, 그래." 린지가 말했다.

"일종의 자격요." 다른 누군가가 말했다. "'이런, 왜 나는 이걸 가지면 안 되지?' 같은."

"음." 린지가 더 자세히 설명해 보라는 듯이 눈썹을 치켜올렸다.

"'난 괜찮은 사람 아닌가? 이걸 가질 자격이 없나? 이런, 난 이 일을 5년째 하고 있어. 그런데 아직 이걸 가질 수 없다고?'"

토론이 이어졌다. "절박하다고 당연시"하는 사고방식이 가난한 사람들만의 전유물인가?

"부자들은 '절박하다고 당연시'하는 사람이 될 수 없어요. 무슨 말을 하고 계신 거예요?" 한 소년이 놀리듯이 말했다.

"부자들은 자기가 돈을 많이 가질 수 있는 것처럼 '나는 당연히 아내를 가질 수 있다'고 생각할 수 있어요. 그런 생각이 스스로를 괴롭히기 시작하는 거죠." 말총머리 소년이 말했다. "돈은 아주 많지만, 친구는 하나도 없는 사람들도 마찬가지고요."

"그래, 하지만 여기 있는 것보다 그런 부자가 되고 싶네." 냉소적인 소년이 말했다. 그는 팔짱을 끼고 있었다.

모두가 고개를 끄덕였다.

경과보고

사샤는 11부 법정 밖 복도에 서 있었다. 여느 때처럼 버튼업 셔츠에 조끼, 긴 치마와 짝을 이루는 나비넥타이, 그리고 플랫 슈즈 차림이었다. 어깨에는 배지가 여러 개 달린 에코백을 메고 있었다. 한 배지에는 "2018년 LGBTQ 클래스"라고 쓰여 있었다. "they/them/their"라고 쓰인 것도 있었다. 사샤는 최근에 머리를 짧게 자르고 절반은 삭발했다. 머리칼의 끝부분은 형광 분홍색으로 염색했다.

데비와 칼도 사샤 곁에 서 있었다. 두 사람은 법정에 잘 어울리는 차림이었다. 데비는 보라색 저지 원피스를 입었고 칼은 주름 잡힌 바지에 분홍색 체크무늬 셔츠와 넥타이 차림이었다. 그리고 사샤가 화상을 입었던 그날 쓰고 있던 것과 같은 아웃백 모자를 썼다.

2015년 6월의 마지막 금요일이었다. 사샤 가족은 리처드의 두 번째 경과보고를 듣기 위해 다시 법정을 찾았다. 리처드가 7년 형에서 5년 형으로 감형받을 수 있는지 그 자격을 따지는 보고 말이다. 첫 번째 기준점은 이미 우수한 성적으로 통과한 바 있었다. 리처드는 징계를 받을 만한 규칙 위반을 한 번도 저지르지 않았고, 채드의

330

직원들은 리처드가 치료 프로그램에 적극적으로 참여하고 있으며 자신이 저지른 범죄를 후회하고 있다고 평가했다. 두 번째 경과보고도 첫 번째처럼 긍정적이라면 리처드는 7년 형이 아닌 5년 형을 다시 선고받을 수 있었다.

엘리베이터가 열리자 재스민이 걸어 나왔다. 청바지에 목 긴 운동화, 검은색과 흰색이 어우러진 숄칼라 재킷 차림이었다. 재스민은 사샤네 세 가족과 차례로 포옹하고 자리에 앉으며 깊은 한숨을 내쉬었다. 얼굴에서 긴장감을 지운 채 애써 미소 짓고 있었지만 최근에 부업을 새로 시작해서 피곤이 가시질 않았다. 요양원에서 교대 근무를 마친 후 재스민은 슈퍼마켓에서 네 시간 동안 파트타임으로 일했고, 종종 새벽 1시까지 퇴근하지 못하는 경우도 있었다. 일요일마다 리처드를 면회하려고 왕복 세 시간 동안 운전했다.

재판을 방청하려고 짬을 내기도 쉽지 않았다. 사장에게 부탁했다가 거절당한 뒤에 같이 일하는 동료와 남몰래 근무시간을 바꾸는 데 간신히 성공했다. 그런데 또다시 문제가 생겼다. 어쩐 일인지 리처드의 법원 서류가 있어야 할 자리에 없어서, 서류를 찾느라 판사가 리처드의 기록을 검토하지 못했다는 것이다. 심리는 그다음 주로 연기되었다. 재스민이 어깨를 축 늘어뜨리고 혼잣말로 중얼거렸다. "더 이상은 시간을 낼 수 없는데."

잠시나마 말을 이어 갔지만 목소리가 어느새 잦아들고 있었다. "얼굴은 웃고 있지만 사실 내 마음은 울고 있어요."라고 재스민이 인정하듯 말했다. 그녀의 마음속에서 여러 개의 선택지가 제자리

뛰기 하듯이 맴돌고 있었다. 어떻게 다시 시간을 내지? 내가 못 오면 누가 대신 올 수 있지?

사건 서류와 관련된 불운은 재스민만의 문제가 아니었다. 사샤의 가족은 법정에서 자신들의 의견을 말하고 싶었는데, 이튿날 휴가를 떠나기로 되어 있어 다음 주에는 법정에 나올 수 없었다.

약간의 논의 과정을 거친 후 델루키 판사는 사샤의 가족이 자신들의 뜻을 발표하는 데 동의했다. 판사가 칼을 앞쪽으로 손짓해 불렀다.

양측 당사자들이 마치 결혼식을 앞둔 한 쌍처럼 판사 앞에 섰다. 칼은 지방 검사보 스콧 포드와 함께, 리처드는 변호인 빌 듀보이스와 함께. 이 모든 일이 시작된 지 1년 반 사이에 리처드는 듀보이스보다 키가 커지고 어깨도 더 넓어졌다. 리처드는 짐짓 무표정한 얼굴로 칼을 바라보았다.

칼이 헛기침을 한 번 하고 접힌 종이를 펼쳤다.

"저는 아내인 데비 ____과 우리의 아이 사샤 ____을 대표해서 의견을 말하려고 합니다. 우리 가족의 생각을 밝힐 수 있는 기회를 주신 데 감사합니다." 편지를 읽기 시작하자 법정은 고요해졌다.

"버스에서의 방화 사건 이후, 리처드 ____는 사샤에게 두 통의 편지를 썼습니다. 자신의 행동에 대해서 전적으로 책임을 지겠다며 용서를 구하는 내용이었습니다. 안타깝게도 이 편지가 우리에게 전달되기까지 무려 14개월이 걸렸습니다. 마침내 편지를 직접 읽을 수 있게 되었을 때 우리는 감동받았고, 눈물을 흘렸습니다. 리처드가 어떤 사람인지 분명하게 알 수 있는 편지였습니다. 선고 심리에서 데비가 우리 가족을 대표해 피해 결과를 진술하기 전에 이 편지를 볼 수 있었더라면 얼마나 좋았을까 아쉬웠습니다."

칼이 낭독하는 것을 들으며 리처드의 턱이 움찔움찔했다. 근육이 긴장되었다 이완되기를 반복했다. 입술이 한쪽으로 질끈 당겨져 올라갔다.

"저는 사샤를 다치게 하려던 게 아니었다는 리처드의 말을 **믿습니다.**" 칼이 계속 얘기했다. "그렇지만 동시에, 사샤가 단순히 청바지를 입고 있었다면 표적이 되지 않았을 거라고 생각합니다." 칼은 사샤의 옷이 화염으로 변하는 순간에도 웃고 있던 버스 안의 다른 아이들에 대해서 언급했다. "우리는 리처드와 이 아이들이 자신과 다른 사람들에게 공감하는 법을 배우기를 바랍니다. 소년원 프로그램 중에 적어도 이 문제와 관련해서 리처드를 도울 수 있는 프로그램이 있기를 바랍니다. 그리고 언젠가 리처드가 게이와 트랜스젠더를 괴롭히고 혐오하는 사람들에 맞서 싸우는 친구가 될 수 있기를 희망합니다."

법정 안이 너무 조용해서 목소리를 가다듬으려 칼이 숨을 고르는 소리까지 다 들릴 정도였다.

"애초부터 우리 가족은 리처드를 성인으로 기소하는 데 반대해 왔습니다."라고 칼이 말을 이었다. "그 애의 행동은 충동적이고 미성숙하며, 사전에 계획되지 않은 것처럼 보였습니다. 큰 실수를 저질렀지만 잘못을 인정했습니다. 우리에게 용서를 구했습니다." 이

대목에서 칼의 목소리가 갈라졌다. "사샤와 데비, 그리고 저는 리처드를 **용서했습니다.**" 칼이 낮은 목소리로 말했다. "우리는 주 정부가 그 애에게 벌을 주기보다는 구금에서 벗어난 진짜 세상에 나올 때를 대비해 보다 잘 준비시키는 데 좀 더 집중했으면 좋겠습니다."

양손에 쥐고 있던 종이에서 눈을 떼고 시선을 들었을 때 칼은 자신을 바라보고 있는 리처드를 보았다.

'고마워요.' 리처드가 입술을 움직여 말했다.

법정 뒤쪽에서는 세 숙녀가 눈이 빨개지도록 흐느끼고 있었다.

"지난 선고가 본 법정에 부여한 상당한 재량권을 고려하여, 저는 귀하가 하신 말을 가볍게 듣지 않겠습니다."라고 델루키 판사가 말했다. 그런 다음, 내주 화요일에 심리를 속행하겠다고 선언했다.

성숙도

"법원에 제출된 상당히 방대한 자료와 보고서를 모두 읽었다는 사실이 기록에 반영되어야 합니다." 다음 화요일, 리처드가 다시 법정에 출두했을 때 델루키 판사가 말했다.

판사도 확인했듯이 보고는 긍정적이었다. 리처드는 학교를 다니고 있었고 치료 프로그램에 참여하고 있었으며 시설 내에서 일자리를 구하는 데 관심을 표시했다. 징계받을 행동은 하지 않았다. 직원들은 리처드가 내성적이며 조용하다고, 혼자 있고 싶어 한다고 평가했다. 그러면서도 "부정적인 일에 휘말리지 않으려고" 스스로 교류를 제한하는 리처드를 칭찬했다.

보고서를 종합해 보면 "범죄가 발생한 당일에는 볼 수 없었던 일정한 수준의 성숙도"를 짐작할 수 있다고 델루키 판사가 리처드에게 말했다. 덧붙여서, "[사샤의] 가족이 자신들의 입장을 분명하게 밝혔고, 그것을 고려해야 합니다."라고 말했다.

이와 함께 델루키 판사는 리처드의 형량을 7년에서 5년으로 감형했다. 지금까지 복역한 시간을 감안하면 리처드는 스물한 살 생일 직전에 출소할 수 있었다. 델루키 판사는 남은 기간 동안 소년 수감 시설에서 계속 복역하는 것이 바람직하다고 권고했다.

재스민의 사장은 그녀가 심리에 참석할 수 있도록 휴가를 주었다. 심리가 모두 끝나자 그녀는 웃으며 복도에 서 있었다. 약간 멍해 보였다.

"아직도 긴 시간이에요."라고 재스민이 말했다. "3년."

재스민은 주말에 사촌 레지스와 함께 샌프란시스코 LGBT 프라이드 행사에 참석했다. 드물게 쉬는 날을 이용해 이제는 몇 가지 미뤄 둔 일을 처리할 생각이었다. 해야 할 일 목록의 첫 번째는 '세차하기'였다.

"이제 해방이네요." 엘리베이터 안에서 재스민이 말했다. 고개를 엘리베이터 벽에 기대고 눈을 들어 올려 천장을 한 번 보더니 고쳐 말했다. "안심이라고 말하는 편이 더 옳겠어요."

앤드류 그리고 이분법

리처드가 감형받은 지 5개월이 지났다. 앤드류와 사샤는 버클리에 있는 라틴아메리카풍 카페에서 함께 저녁 식사를 했다. 두 사람은 지난 1, 2년 동안 소원했다. 하지만 사샤가 겨울방학을 맞아 집에 와 있던 터라 불과 몇 주 사이에 벌써 두 번째로 만나는 거였다. "요즘 어떻게 지내?" 같은 인사는 이전에 만났을 때 이미 마쳤다. 두 사람은 저녁을 들면서 예전에 곧잘 화제에 올리고는 했던 이 세상에 대해, 과거의 세상에 대해, 그리고 앞으로의 세상에 대해 수다를 떨었다. 두 사람은 혁명 대 개혁이나 무정부주의 대 사회주의에 대해서도 얘기했다. 다른 사람의 의견을 그대로 반복하는 것이 아니라 매사에 심사숙고하는 사샤를 보며 예전에도 그렇듯이 앤드류는 신선한 충격을 받았다.

앤드류는 이제 열여덟 살이었다. 반무테 안경을 썼고 코 가운데에는 피어싱을 했다. 그는 남자 동성애자로 알려져 있을 뿐 트랜스젠더라는 사실을 아는 사람은 별로 없었다. 앤드류 자신이 별로 알리고 싶지 않았다.

그렇지만 이성애자 남자가 자신을 '형제'처럼 대할 때는 방향감각을 상실한 듯한 기분을 다시 느끼기도 했다. "내가 여자가 아니라는 느낌이 얼마나 강렬했던지. 하지만 솔직히 남자애로 사는 것도 그렇게 좋은 일만은 아니야."라고 앤드류는 말했다. "여자든 남자든, 망할 짐을 한 보따리씩 지고 다니는 것 같아."

남자가 된다는 것이 언제나 당당하고 슬픔이나 자기 의심을 결코 인정하는 법이 없다는 의미였다면, 그것은 여자가 되는 것만큼이나 벗어날 수 없는 덫인 셈이었다. 성별을 바꾸기 전보다 지금이 더 행복한 것은 사실이지만 앤드류는 여전히 성별과는 다른 무언가, 다른 곳을 갈망하고 있었다.

"사실, 나도 조금씩 느끼기 시작했어. 어떤 용어를 선택해야 할지는 모르겠지만. '안드로진'이라고 해도 좋고 '젠더퀴어'라고 해도 좋아."

앤드류를 가로막고 있는 것은 무엇일까? 두려움이었다. 다른 사람의 평가라는 두려움, 그들의 질문, 그들의 적대감, 혹은 그들이 품은 판타지에 대한 두려움.

"남성이나 여성 둘 중 하나로 깔끔하게 분류되는 지금이 훨씬 편해."라고 그가 설명했다. "하지만, 내 외모를 보다 중성적으로 확 바꾼다면 내가 과연 편해질까, 의문이야. 내 말은, 내 성기에 관한 질문은 이미 질릴 만큼 받았다는 거야. 이제 그만들 했으면 좋겠어."

여러 번의 생일

리처드는 채드로 이감되기 직전 앨러미다 카운티 소년원에서 열여덟 번째 생일을 맞았다. 소년원에서는 원생의 생일을 일일이 축하해 주지 않기에 다른 날과 똑같은 하루다. 리처드는 지금까지 이런 사정에 익숙했다. 열네 살이 되고부터 해마다 집에서 생일을 맞지 못했다. 열다섯, 열여섯, 열일곱, 그리고 이제 열여덟 생일까지 모두 수감자 신세였다.

채드로 돌아온 리처드는 고등학교 졸업장을 받았다. 그런 다음 직업훈련 수업을 시작했고 프로그램을 통해 관개 설계나 지게차 운전과 같은 자격증을 취득했다. 한동안 미용실에서 일했고, 그 다음에는 프리 벤처에서 일했다. 전자 폐기물을 수리하고 재활용하여 환경 인증을 받은 비영리단체다. 프리 벤처에서 일하면서 시간당 9달러 70센트를 받았고 덕분에 유죄 협상의 일환으로 선고받은 2,100달러의 벌금을 변제하기 시작했다. 최종 석방에 대비해 저축성 계좌도 개설하고 예금하기 시작했다. 프리 벤처는 채드 안에서 얻을 수 있는 가장 좋은 일자리 중 하나이자, 가장 얻기 어려운 일자리였지만 리처드는 훌륭하게 잘해 내고 있었다. 젊은 수감자가 달성할 수 있는 가장 높은 인센티브 수준인 '인센티브 레벨 A'를 이미 획득했고, 전반적으로 분위기가 보다 편안한 수용동에서 위험도가 낮은 소년들과 함께 생활했다. 저녁이면 어린 수감자들은 TV를 보거나 휴게실에서 탁구를 치거나 도미노 게임을 즐겼다. 그도 아니면 두 대의 공중전화를 이용해서 지인과 통화했다.

리처드는 약간 거리를 두는 것 같았다. 타인을 믿는 데도 시간이 필요했고, 친해지는 데 시간이 걸렸다. 별로 웃지 않았다. 매일 밤 철제 세면대와 변기가 있는, 가로 1.8미터에 세로 2.5미터 크기의 감방으로 돌아왔다. 책상 위에는 성경과 종이접기 작품 몇 개, 그리고 프리 벤처에서 번 돈으로 구입한 텔레비전이 놓여 있었다. 가족 사진 몇 장을 깔끔하게 줄 맞춰 벽에 붙여 두었다. 자신이 가장 사랑하는 모든 이들이 거기 있었다. 밝게 빛나는 눈으로 따뜻하게 미소 짓던 그 순간 속에.

리처드는 철제 이층 침대의 아래에서 잤다. 매트리스가 없는 위층에는 채드에서 받은 직업 및 교육 자격증을 전시해 두었다. 여러 색깔의 네모난 종이들이 줄 맞춰 배열되어 있었다.

그 옆에 리처드는 윌리엄 어니스트 헨리의 시 「인빅터스」Invictus를 인쇄해서 놓아두었다.

나를 감싼 밤은
온통 칠흑 같은 암흑

그의 이름이 뭐든, 나는 신께 감사하노라
정복당하지 않는 영혼을 내게 주셨음을.

옥죄어 오는 현실의 손아귀에 들려서도
나는 움츠리지도 소리 내어 울지도 않았다.
운명의 몽둥이에 수없이 맞아
내 머리는 피에 젖었으나, 결코 수그리지는 않았다.*

리처드는 앞으로 열아홉, 스무 살 생일도 교도소에서 보내야 한다. 스물한 살이 되기 전에 크라운 빅토리아 호송차의 뒷좌석에 실려 앨러미다 카운티로 돌아가면, 그곳에서 서류 정리 과정을 거친 후 석방될 것이다.

그러면 2013년 11월 4일의 오후에 시작된 집으로 가는 긴 여정을 마침내 마칠 수 있을 것이다.

그리고 이후 리처드 인생 2막이 새롭게 시작될 것이다.

---

* 「인빅터스」의 마지막 구절 이 시는 본래 "나는 내 운명의 주인, / 내 영혼의 선장."이라는 구절로 끝맺지만, 리처드가 놓아둔 종이에는 마지막 구절이 빠져 있다고 한다.

1001개의 더 이상 비어 있지 않은 카드

2016년 1월, 대학교 2학년으로 올라가기 직전 사샤와 마이클은 메이벡 고등학교에서 함께 인덱스카드 게임을 했다. 세월의 흐름 속에 지시문이 일부 지워지기는 했지만 게임은 여전히 재미있었고, 그들 사이에만 통하는 농담은 아직도 웃겼다. 사샤는 카드의 지시에 따라 러시아어 억양으로 말하면서 혀짤배기소리를 내는 데 한결같이 능숙했다. 마이클은 지금도 회색 비니를 쓰고 있어서 아직 남아 있는 "마이클의 비니를 훔쳐라" 카드에 안성맞춤이었다.

"'they'라는 단어를 들어 본 적 있니?" 사샤가 '그의/그녀의'라는 인칭대명사를 사용한 '루네스타 수면제' 카드를 뽑은 뒤 물었다.(이 카드를 뽑은 사람은 **그의/그녀의** 이마를 테이블에 대고 연기해야 한다.) 오래전 사샤가 처음 에이젠더로 커밍아웃했을 때, 친구들이 성중립적인 인칭대명사를 기억하도록 애쓰면서부터 사샤가 읊고는 했던 말이었다.

이제는 상기시키기 위해 반복하는 어구가 아닌 단순한 농담이 되었다. 루크에서 사샤로 변신하기 전에 썼던 카드를 제외한다면 이제 아무도 상기할 필요가 없어졌다.

며칠 전에 마이클과 사샤는 후대를 위해 인덱스카드 전체를 디지털 자료로 스캔해 두었다. 카드를 하나씩 살피는 와중에 두 사람은 '루크'라는 이름을 언급한 카드들을 발견하고 멈칫했다.

하나는 펜과 잉크 병 그림drawing이 그려진 '루크의 만년필' 카드였다. 거기에는 "카드를 뽑으시오."Draw a card라고 적혀 있었다.

일종의 가벼운 말장난이었다. 나중에 나온 많은 카드만큼 훌륭한 동음이의어나 동의이음어 놀이는 아니었다. 두 사람은 상의 끝에 루크 카드를 남겨 두기로 결정했다.

결국, 이 모두가 역사적 기록의 한 부분이 아니겠느냐고 사샤가 말했다.

고등학교에 입학한 후로 많은 것이 바뀌었다. 사샤의 이름, 인칭 대명사, 옷 입는 스타일. 하지만 모든 중요한 면에서 사샤는 여전히 사샤였다. 고양이를, 만화를, 게임을, 모자를 좋아하는 사샤. 그리고 언젠가 자신의 블로그에도 쓴 적이 있듯이 "세상에서 제일가는 버스 괴짜 사샤".

버스를 향한 사랑은 어느덧 학문의 주제가 되었다. 사샤는 도시 계획을 전공하기로 결정했고, 궁극적으로 대중교통 시스템을 설계하거나 개선하는 직업을 희망하게 되었다. "제가 사랑에 빠지지 않았더라도 대중교통을 **이용할** 수는 있었을 거예요. 하지만 제가 지금 이 분야를 **공부하는** 이유는 저라는 사람이 대중교통을 개인적으로 사랑하기 때문입니다."

그 사랑에 대해 설명해 달라고 사샤에게 부탁할 수는 있겠지만 시간 낭비가 될 것이다. 보라색을 좋아하는 것처럼 버스를 특별히 사랑할 뿐, 더 이상 설명할 수 없기 때문이다. "저는 특정 분야에 높은 관심을 가진 자폐인이에요."라고 말하며 사샤가 미소 지었다. "아마도 그게 제가 내놓을 수 있는 가장 그럴듯한 대답일 거예요."

젠더 중립성과 관련된
주요 사건들

2007년

— 네팔 대법원은 스스로를 '제3의 성' 또는 '기타'로 표시하고자
원하는 시민에게 정부가 그대로 신분증을 발급해야 한다고 명
령한다.

2013년

— 오스트레일리아는 시민에게 공식적인 성별로서 남성, 여성, X
중에서 하나를 선택할 수 있는 권리를 부여한다.
— 독일은 신생아의 출생증명서를 작성할 때 부모가 남성, 여성,
미정 등 세 가지 중에서 선택할 수 있다.

2014년

— 페이스북이 남성 또는 여성 이외의 다른 성별을 사용자가 선택
하도록 허용하기 시작한다.
— 덴마크는 시민이 남성, 여성, X 중 하나를 공식 성별로 선택할

수 있게 허용한다.

2015년

— 미 백악관은 방문객 및 직원을 위해 성 중립적인 화장실을 마련
한다.

— 대형 유통업체인 타깃이 장난감이나 가구 매대에서 성별에 따
른 표시를 제거하겠다고 발표한다.

— 시민이 공식적으로 제3의 성별을 선택할 수 있는 국가에 몰타
와 네팔이 추가된다.

— 옥스퍼드 영어 사전에 성 중립적인 존칭으로서 Mx.가 추가된
다. 어휘집에서는 Mr., Ms., Mrs., Miss의 대안으로서 표시된다.
cisgender(시스젠더)라는 단어도 추가된다.

— 디즈니가 할로윈 의상에서 성별 분류를 없앤다.

— 《워싱턴포스트》가 스타일 매뉴얼을 업데이트하여 기고자들이
개인을 칭할 때 'they'라는 대명사를 사용할 수 있도록 허용하
면서 "성 중립적인 3인칭 단수 대명사가 영어에 없기 때문에 그
럴듯한 유일한 해결책"이라고 설명한다.

— 미국방언학회가 올해의 단어로 단수 중성 대명사인 'they'를 선
정한다.

— 오리건주 애슐랜드에서 살고 있는 애미코-개브리엘 블루가 자
신의 성별을 '중성'으로 바꾸기 위해 소를 제기한다. 일단 요구
는 거부되었지만 판결 이후에 판사는 기자와의 인터뷰에서 다

음과 같이 말한다. "그게 적법한 일이었다면 기꺼이 요구대로 변경해 드렸을 것입니다."

2016년

— 노스캐롤라이나주는 출생증명서상의 생물학적 성별에 따라 공중화장실을 이용하라고 강제하는 '공공시설 개인정보 보호 및 보안법'을 통과시킨다.

— 메리엄 웹스터 사전 어휘 목록에 cisgender와 genderqueer(젠더퀴어)가 추가된다.

— 오바마 행정부는 미국 내 모든 학교에 학생들이 스스로 선택한 성 정체성과 일치하는 화장실과 로커룸을 이용할 수 있도록 허용하라고 지시한다.

— 제이미 슈피라는 퇴역 군인이 미국 최초로 오리건주 법원에서 자신의 성별을 논바이너리로 변경하도록 허가받았다.

2017년

— 사실관계를 검증하는 전문 기관 폴리티팩트에 따르면 2017년 NBA 올스타전을 개최할 기회와 그에 따른 5억 달러의 수입을 놓친 노스캐롤라이나주 의원들은 투표를 통해 '화장실 법안'이라고 알려진 '공공시설 개인정보 보호 및 보안법'을 폐지한다. 대체 법안은 출생 시 배정된 성별에 따라 화장실을 이용해야 한다는 조항을 삭제했지만 향후의 화장실 정책을 계속해서 주 의

회의 몫으로 남겨 둔다.

— 트럼프 행정부는 학교에서 트랜스젠더 학생들에게 자신의 성별 정체성과 일치하는 화장실과 로커룸을 제공해야 한다고 지시한 오바마 행정부의 행정명령을 삭제한다.

— 쇼타임 채널이 제작한 〈빌리언스〉Billions라는 드라마에 텔레비전 최초의 논바이너리 캐릭터인 '테일러'가 등장한다.

— MTV 영화 및 TV 상은 주요 연기상으로는 처음으로 성별 구분을 없앤다. 모두를 포함한 최고 배우상은 에마 왓슨에게 돌아갔고, 시상은 논바이너리 배우인 에이시아 케이트 딜런이 맡았다.

몇 개의 숫자들
: 미국의 청소년 구금 실태
— 2016년 기준 —

○ 특정 날짜를 기준으로 교정 시설에 수용된 청소년의 수

　: 5만 4,148명

○ 청소년이 12개월간 수감된다고 가정했을 때 소요되는 평균 비용

　: 14만 6,302달러

○ 전체 청소년 중 아프리카계 미국인 청소년의 비율

　: 16퍼센트

○ 아프리카계 미국인 청소년의 구금 비율

　: 41퍼센트

○ 성인 교도소에서 복역하는 아프리카계 미국인 청소년 비율

　: 58퍼센트

○ 청소년기에 저지른 범죄로 인해 가석방 없는 종신형을 선고받고
　현재 복역 중인 재소자의 수

　: 2,570명

○ 청소년 한 명을 평생 구금하는 데 드는 비용

　: 250만 달러

○ 청소년기에 수감된 전과가 있는 경우 성인이 되어 다시 구금될 확률 증가율

  : 22~41퍼센트

○ 수감된 청소년 중에서 누군가 중상을 입거나 살해당하는 것을 목격한 비율

  : 70퍼센트

○ 수감된 청소년 중에서 살면서 신체적 또는 성적으로 학대당했다고 신고한 비율

  : 30퍼센트

○ 수감된 청소년 중에서 구금 중에 성폭행을 당한 비율

  : 9.5퍼센트

○ 수감된 청소년 중에서 자살을 시도한 비율

  : 22퍼센트

감사의 말

이 책을 준비하며 자료를 조사하는 동안 너무나 많은 분들이 시간과 전문적인 식견, 기억, 통찰력을 아낌없이 나누어 주었다. 모두에게 제대로 감사를 표하려면 책을 한 권 더 써야 한다. 몇 분만 특별히 소개하면 다음과 같다.

수자타 발리가, 누리 누스랏, 케이트 맥크래컨, 애나 블랙쇼, 마리아 도밍게스와 대리스 영은 법적 절차에 대한 지식과 통찰력을 나누어 주었다. 빌 듀보이스, 테리사 드레닉, 낸시 오맬리는 끊임없이 이어지는 나의 의문을 참을성 있게 해결해 주었다. 앨러미다 카운티 보호관찰소의 부소장 브라이언 홉슨, N. A. 채더진 소년 교정 시설의 크레이그 왓슨은 각 기관을 방문했을 때 고맙게도 직접 가이드 역할을 해 주었다.

오클랜드 고등학교와 메이벡 고등학교의 교직원 여러분은 저마다 해야 할 일이 많았지만 귀중한 시간을 내어 나의 대화 상대가 되어 주었다. 오클랜드 고등학교의 마틴 압델카위 교장, 아리아나 캐플런, 칼리타 콜린스, 어니스트 젠킨스 3세, 티아고 로빈슨, 제시 셔

피로, 올랜도 왓킨스, 에이미 와일더, 그리고 특별히 카프리스 윌슨에게 진심으로 감사한다. 메이벡 고등학교의 윌리엄 웹과 트레버 크렐에게도 감사의 마음을 전한다.

이 책은 본래 《뉴욕타임스 매거진》에 기고한 기사 한 편에서 시작되었다. 그 과정에서 딘 로빈슨, 제시카 러스티그, 빌 워식, 제이크 실버스타인이 셀 수 없이 다양한 방식으로 이 글을 고쳐 주었다. 롭 리구오리는 《뉴욕타임스 매거진》 재직 당시에는 물론 나중에 자신이 꾸린 베리피케이셔니스트Verificationist라는 팀을 통해서도 사실을 확인해 주고 자신이 관찰한 바를 공유해 주었다. 그가 아니었다면 샌드위치 하나 먹을 여유도 없었을 것이다. 오류가 남아 있다면 전적으로 나의 탓이다.

논바이너리에 관한 멋진 다큐멘터리 영화 〈셋부터 무한대까지〉를 제작한 로니 샤벨슨은 관대하게도 내가 인터뷰 및 원본 영상에 접근할 수 있도록 허락해 주었다. 이 책의 중요한 부분은 그의 눈을 통해 관찰했다.

오클랜드 고등학교의 농구팀이 게임에 앞서 작전 회의를 하는 모습은 오클랜드의 비영리단체인 낫인아워타운Not in Our Town이 제작한 단편영화 〈사샤를 지지하는 경기, 혐오에 반대하는 경기〉Playing for Sasha, Playing Against Hate를 보고 묘사했다. 데이빗 S. 타넨하우스가 쓴 매혹적인 책 『만들어 가는 소년사법』Juvenile Justice in the Making을 읽다가 오늘날에도 여전히 유효한 존 P. 올트겔드의 인용문을 발견했다. 많은 청소년들이 나와 대화하기 위해 귀중한 시간을 내주었다. 그

중 일부는 인용했고 일부는 인용하지 않았다. 일부는 이름을 밝히지 말아 달라고 요청했다. 이들 모두가 이 책을 쓰는 데 도움을 주었다. 마이클 버케드, 캐리 카펜터, 티아 코리, 이언 곤저, 이브 어윈, 토머스 켈리, 셰리, 힐리 밀러, 이마리에이 프레스콧, 윌리 스콧 3세, 새브리나 턴, 그리고 앤드류, 니모, 리엄, 리들, TC, 제프, J.와 팬차에게 감사의 마음을 전한다.

모든 작가에게는 에린 머피나 조이 페스킨과 같은 똑똑하고 현명하며 헌신적인 동시에 친절한 에이전트, 편집자와 함께하는 행운이 절실하다. 이들은 이 책을 완성하는 동안 내가 나아가야 할 방향을 지시하는 등대가 되어 주었다.

이 책을 읽고 매우 세심하고 사려 깊게 논평해 준 앨릭스 지노, 니컬러스 핸더슨에게 감사한다. 참빗과 같은 꼼꼼함으로 샅샅이 텍스트를 검토해 준 낸시 엘진과 챈드라 월레버에게 감사한다.

이 책을 쓰기 위해 자료를 조사하고, 집필하고, 반추하면서 보낸 3년 동안 항상 나의 이야기를 들어 주었던 남편과 아들에게도 감사한다. 두 사람의 사랑과 지혜, 유머 덕분에 모든 일이 보다 더 손쉬웠고, 여러 가지 문제에 대한 이들의 식견은 매우 소중했다.

이 책의 중심에 있는 두 가족에게 내가 빚진 바는 적합하게 설명할 말을 찾을 수 없을 정도다. 두 가족의 관대함, 친절, 연민은 내게 깊은 영감을 주었다. 너무 오랜 시간 나를 참아 준 두 가족에게 미안해요.

자료 제공

슬램 시 「히어」의 일부는 앨리시아 니콜 해리스Alysia Nicole Harris와 에이샤 엘 샤마이레Aysha El Shamayleh의 허락을 받아 수록했다.

소년사법부가 발행한 2010년 『청소년 권리 핸드북』Youth Rights Handbook의 일부 내용은 캘리포니아 교정 및 재활부의 허가를 받아 수록했다.

옮긴이의 말

삼십여 년 전, 영문 시사 주간지에서 읽은 흥미로운 기사 하나가 잊히질 않습니다. 어떤 아시아계 발레리노가 커밍아웃하고 발레리나로 거듭난다는 이야기였습니다. 젠더 문외한이던 역자로서는 무척 놀라웠습니다. 다른 사람도 아니고 신체의 아름다움이 고스란히 드러날 수밖에 없는 발레 무용수가 젠더 트랜지션이라니. 그런데 충격은 여기서 그치지 않았습니다. 이 이야기가 아직까지 뇌리에 깊이 박혀 있는 이유는 그 무용수의 부모가 보인 반응 때문이었습니다. 외동아들이 여자가 되고 싶다는 속내를 털어놓았을 때 그 부모님은 '그래, 지금까지는 아들을 키워 봤고 이제는 딸을 키워 볼 수 있으니 기쁘구나.'라는 식으로 대응했다고 합니다. 한국 사회에서는 쉽사리 경험하지 못하는 반응이었습니다. 아들이 딸이 되겠다고 한다면 울고불고하며 부질없이 설득하고 말리고 협박하고, 부모란 으레 이렇게 나오는 게 보통인 존재 아닌가? 역자에게는 이 이야기가 여러모로 발상의 전환점이 되었습니다. '어른이란 무엇인가', '부모란 자녀에게 어떤 존재가 되어야 할까'를 자문하는 계기가 된 것이지요.

2013년 11월 4일 월요일 오후 미국 캘리포니아주 오클랜드시의 공영버스 차량 안에서 한 십대 소년이 치마를 입고 있는 십대 에이젠더에게 불을 지르는 사건이 발생했습니다. 퀴어를 겨냥한 혐오 범죄. 지역은 물론, 미국 전역, 국제 뉴스로까지 보도되었던 그날의 사건 개요는 이랬습니다. 언론 보도를 접한 선량한 일반 시민들은 경악했습니다. 백주대낮에 다중이 이용하는 버스 안에서 무고한 사람에게 불을 놓다니. 분노의 화살은 가해 소년에게 무차별적으로 향했습니다. 타인의 고통에 무감하며 흉포하고 잔인한 또 하나의 초포식자 소년범. 사건이 발생한 이튿날 가해 소년은 학교에서 체포되었고 이후 중범죄로 기소되어 최악의 경우 종신형에 처할 수도 있는 처지가 됩니다.

당시 오클랜드에 거주하던 작가 대슈카 슬레이터는 자신의 이웃에서 발생한 이 사건을 3년 동안 추적했습니다. 작가가 세밀하게 들여다 본 피해자와 가해자, 그들의 가족, 그들이 속한 공동체의 이야기는 함부로 쓴 기사들처럼 그렇게 단순치가 않았습니다. 오류로 범벅된 '사실'과 드러나지 않은 진실 사이의 간극은 컸고, 한 십대 소년의 일탈을 넘어 양극화된 지역 공동체 전반의 문제점이 내재된 사건이었습니다. 자신의 젠더 정체성에 골몰하는 중산층의 백인 아이, 그리고 거친 동네에서 자라며 당한 강도 사건과 가까운 친구의 죽음에서 회복 중인 흑인 아이. 이 책은 각자 극복해야 할 어려움을 겪고 있는 두 십대 청소년의 이야기를 통해서 퀴어, 장애, 인종 등 자신의 정체성을 인정하며 살아가는 방법에 대한 고민, 한 지역 공동체 안에서의 빈부 격차, 차별, 혐오 범죄, 소년범, 형사 사법제도의 한계, 회복적 정의, 진정한 사과 그리고 용서와 화해에 관해 풀어 나가고 있습니다. 자신만의 고민과 어려움을 안고 살아가는 십대 청소년 둘을 건강하게 키워 내기 위해서, 지역 사회에서 발생한 비극적인 사건을 극복하기 위해서 '진정한' 어른들이 해야 할 일이 무엇인지 묻고 있습니다.

우리는 인생을 살면서 수많은 선택의 순간에 직면합니다. 수용 가능한 선을 어디에 그을 것인지를 정합니다. 포용할 것인지 아니면 혐오할 것인지. 자세히 살피고 이해하고 공감하려는 수고를 들일 것인지 아니면 이분법적 논리에 따라 섣불리 평가하며 손쉽게 경멸하고 비난할 것인지.

이 책을 읽으며 자연스럽게 우리가 사는 사회의 포용력과 관용으로 생각이 옮아가게 됩니다. 아스퍼거 증후군을 앓고 말을 더듬는, 상의는 남자 옷에 하의는 여자 옷을 입은, 자신이 남자도 여자도 아니라고 말하는 청소년을 과연 우리 사회가 포용할 수 있을까요? 사샤가 언젠가 티셔츠에 검정색 플리스 재킷, 하르르한 흰색 치마를 입고 회색 헌팅캡을 쓴 채 '지하철 노선을 훌륭하게' 갖춘 서울을 여행하게 된다면, 과연 우리는 이 생경한 방문객을 따뜻한 마음으로 환영할 수 있을까요? 또 저소득층의 한부모 가정에서 자란, 피부색이 다르고 ADHD가 의심되는 전과 2범의 리처드가 이 사회 안에서 과연 재기할 수 있을까요? 아무래도 의문과 걱정이 듭니다.

이 책이 나와는 다른 낯선 무언가를 대할 때 먼저 선을 긋고 배제하기보다는 있는 그대로 상대를 인정하고 존중하는 방법을 배우는, 그리하여 훨씬 평화롭고 풍요로운 삶을 가꾸는 계기가 되기를 바랍니다.

2021년 9월
김충선

찾아보기

360